U0543556

老子哲学与现代管理

LAO ZI'S PHILOSOPHY AND MODERN MANAGEMENT

隋广义 / 著

上海社会科学院出版社
SHANGHAI ACADEMY OF SOCIAL SCIENCES PRESS

序言

《道德经》是一部非常难啃的中国古典哲学名著，它哲理深奥、含义超凡，曾经难倒了不少专业学者。然而，一位仅仅是工科背景的企业家却通过不断地内省、自学，孜孜以求，耗时十余年，不仅啃通《道德经》，还将其与现代企业管理结合并运用到金融投资实践中，实属难得。

本书至少有两方面引起人们的关注：一是又为我们提供了一部《道德经》学习的通俗读物。《道德经》分上篇《道经》和下篇《德经》两部分，皆为深奥的文言文，没有一定的古典文学功力和积淀，是难以读懂的。所以，一般情况下人们都是依据译文（白话文）而学。本书的出版，不仅让读者可以顺畅地阅读理解《道德经》，而且能帮助读者了解现代管理学的相关知识。二是实现了工具知识和实践知识的结合，激活了老子哲学的现代应用。人们之所以必须学习和研究各种信息和知识，就是为了掌握人类文化知识的成果，从而成为具有文化底蕴的智者，并将知识运用到生活和工作中。对于学者而言，外在的已经存在的各种知识都属于“工具知识”范畴，这里的《道德经》就是一种“工具知识”，是中国先哲创造的一种经典文本。企业管理则是一种“实践知识”，是实践者长期管理经营的经验总结。作者将两者相结合，一方面使《道德经》中蕴含的哲理跳脱于文本，不再束之高阁，而被人们理解、运用、践习；另一方面也为企业管理者提供新的管理思路，通过古人的智慧找到适于现代人的管理方法。

为什么《道德经》中含有现代企业管理的指导思想？这必须对《道德经》这本书的内容和特征进行剖析。《道德经》实际上是研究事物和宇宙运行的大道之经，探索的是宇宙中客观存在的运行法则和规律。这就是所谓的“道可道，非常道”，“道生一，一生二，二生三，三生万物”。所以，在老子思想中，事物本身有自己的规律，顺之，兴旺，逆之，衰亡，无和有是相通的。而企业管理与运营则有自己的小道，这个小道虽然有自己的运作之势，但仍然必须遵循大道，两者实际上是主流与支流的关系。由此可见，道，实际上是万物之首、万物之道。作者的智慧在于把《道德经》作为研究的对象，寻求内在的逻辑与规律，用以指导企业管理。

仔细阅读全书，可以看到本书对于《道德经》的注释是到位的，对于《道德经》中管理方法的提炼是可圈可点的。本书的研究具有简洁、明晰、正确、通俗的特点，值得一读。

陈荣耀

2021年3月

目录

第三篇 老子『道』的解读与管理 下

第五篇　老子『德』的解读与管理　下

第六篇 执古之道以御今之有

第一篇

来自古人的智慧

第一章 中西方哲学思辨的异同

哲学是人们对有关世界本质等问题的系统性思考，是对基本和普遍问题进行研究的学科。人类早期的哲学思考的对象上至天文、下至地理，凡是能给人以智慧、使人聪明的各种问题都是哲学的研究对象。从历史看，很多现代科学研究的基石就是哲学研究。随着生产力水平的提升，人类对于未知世界的研究日益精细化、学科化，物理、化学、医学等很多学科从哲学中独立出来，逐渐自成体系，哲学研究的范围也就集中在本体论、认识论和逻辑学等方面。当今人类研究解决问题的方法基本是受西方哲学思想影响的，例如现在普遍认同的“科学技术是生产力”，并不是依赖占卜、观星或者心灵感应等其他手段解决人类发展中遇到的问题。

中国古典哲学是具有中国传统文化特点的人生论、社会论和宇宙论的统称，是在中国历史文化和社会文明为背景下，对一切思想境界和精神层次方面的观点、理念的合理性理解与概括性阐述。《易经》《道德经》《庄子》可以称为中国早期哲学思想的源头。

我们认为，中西方的哲学思辨都是对世界本源和运行规律的认识和探索。人类对事物的认识有一个过程，这个过程一般从感知到抽象、再到理知抽象性具体。“理知抽象性具体”就是通常所说的“智慧”或“哲知”，各种哲知形成理论系统就产生了“哲学”或称“智慧之学”。但是，中国古典哲学中为何没有产生现代科学的思维方式并促进科技发展？

中西方哲学的差异实际是从不同的角度阐述对事物的认识。西方哲学把研究的对象当成一种机器，机器运作的背后隐藏着复杂的机制，通过拆分到每一个零部件，来探寻零部件之间的联络和运作的规律。在这种哲学思辨的指导下，催生了“牛顿三大定律”“热力学三大定律”等一系列的对自然界运行规律的探索和数学描述。而中国古典哲学把研究的对象看成一种系统，大系统的运行规律称为天道，天道下的万事万物则是小的系统，小的系统是一种承载天道的载体。当小系统的规律顺应天道则万事顺遂，逆天道而行则遭致灾祸甚至天谴，老子的“人法地，地法天，天法道，道法自然”就阐述了这种顺应关系。日本哲学家西田几多郎（1870—1945）从东西方文化和东西方哲学思想比较的角度，总结出西方文化的根基是“有”的思想，东方文化的根基是《道德经》中阐述的“无”的思想。

以中西医学为例，西医的基本设定就是人体是一部复杂的机器，可以通过解剖等手段探究到细胞层面甚至基因层面，逐渐构建起西医体系。而中医把人体作为一种精气神的载体，虽然中医也区分五脏六腑，但都是从气血运行的角度认识的，认为当个体因为内部阻滞或者环境影响出现运行故障时，就外显为各种疾病。我们平时说的“生活没有规律”也就是指日常作息不符合自然规律，这种不协调可以通过药石、金针、推拿、艾灸等多种内外刺激、调理的方法缓解和治愈，当然也可以通过自我身心的调整来根治。无论是道家练习内丹还是佛家的禅定，都是一种自我身心调节方法。

从现代人的观点看，无论是便利的衣食住行，还是事关生命健康的各种仪器和检测治疗手段，甚至应对疫情的疫苗研发，都依赖于科学技术的发展，而这一切的背后，是西方哲学思辨模式的延伸。各国无论信仰哪种宗教、采用何种国家治理制度，都无一例外地认为，科学技术是推动人类发展、促进人类文明进步的快车道。

战争、社会动荡和思想压制无疑会对人类文明的传承和进步起到巨大的阻碍作用。西方有长达千年的黑暗的中世纪，中国也有王朝交替、异族入侵、民族融合带来的兴衰。只是当西方从文艺复兴开始走出黑暗的中世纪时，中国又一次面临王朝更替的动荡。明清之际的战乱对社会的生产力和生产关系造成了极大的破坏，特别是人口的大量损失，致使科技自然发展中断了。也是从那时开始，西方的科技和文明发展开始逐渐超越中国。

中国的科技在明末已经相当发达，例如宋应星于1637年（明崇祯十年丁丑）刊发的《天工开物》，共三卷十八篇，全书收录了农业、手工业，诸如机械、砖瓦、陶瓷、硫磺、烛、纸、兵器、火药、纺织、染色、制盐、采煤、榨油等生产技术，是世界上第一部关于农业和手工业生产的综合性著作。而这本书在民国时期，才有学者以日本藏本为基础，重新引进到中国本土。

在清末和民国之初，中国的发展模式基本上走了一条全盘学习西方的道路，也就是西方哲学指导下的科学技术发展之路。而中国在学习西方科学技术理念时，在语言文字上采用了白话文和简化字两个手段，使继承和发展中国传统哲学思想遭遇新的困难。

客观上讲，白话文以及简化字的普及，对我们学习西方的技术，融入世界文明发展模式，以及消除文盲、提升社会发展普惠度具有巨大的作用，但是在继承和扬弃中国传统文化精华上，实际上是重建了一套思维的表达体系，以至于我们须在学校语文课中学习古文，才能看懂古人留下的著作，练习书法才能熟悉繁体字。现代中国人看古文某种程度上和看外语是一样的，大量的经典哲学思维和古人的智慧结晶，必须通过翻译来为今人所理解。看过英文原版书或者原版电影的人都知道，翻译得再好，和原文的语义语境还是有很大差异的。

西方哲学思辨模式下发展起来的科学理念，无疑是现代人类普遍认可的发展模式，但事物总是具有两面性，例如人类对幸福的定义，一个城市中忙碌打工仔的幸福指数是否就比一个偏远地区放羊娃的高，本身就是一个有争论的问题。

快速发展带来的负面效应也一直困扰着人类，按目前的发展模式，大量的资源从地底被挖掘出来，经人类消费使用后变成了垃圾，已经使地球的自然降解系统不堪重负。垃圾围城、深海塑料垃圾已经成为不得不面对的环境危机。控制碳排放问题现在已经成为当今国际政治交锋的要点，其背后就是人类的过度消费，导致大气层中的二氧化碳逐渐超过自然比例，所引发的温室效应带来气候异常，进而可能威胁人类的生存。

这也是我们要立足当下，通过研究挖掘中国的传统文化、传统的哲学思想，将之与现代的各种理念结合，重新探索或者修正发展道路的原因。从微观看，我们将中国的传统哲学理念和西方的科学理念相结合，对企业经营和管理也具有相当重要的作用。作为中国的学者或者管理的实践者，怎样从我们先贤的智慧中去汲取营养，将经典应用到现在的管理系统中去，是一个非常具有挑战性的课题。中国的古典文化中有很多东西是值得借鉴的，其中老子学说和思辨方法就是一个很重要的古典智慧宝库。

第二章 老子的辩证意识和思维

在中国传统文化中，老子是中国最重要的哲学家之一，也是唯一可与孔子并驾齐驱的大思想家。老子姓李名耳，字聃，一字伯阳，或曰谥伯阳，生卒年不详，籍贯也多有争议，一说为陈国苦县厉乡曲仁里人（《史记》）。

春秋时期是中国历史上第一个“合久必分”的时期。周朝有八百年的历史，为博取褒姒一笑“烽火戏诸侯”的周幽王被犬戎攻破镐京杀死之后，西周结束。周幽王的儿子周平王迁都洛邑（今河南洛阳），史称东周，从此周王朝的威信大打折扣。东周又分为春秋和战国两个时期，当时周天子已经不能担负天下共主的责任，管辖范围形同小国，甚至经常要向一些强大的诸侯求助，强大的诸侯便自居霸主，春秋时期 140 多个诸侯国之间开始互相攻伐和兼并。在这种社会背景下，老子创作了《道德经》。

老子曾担任周朝守藏室之史，以博学而闻名，孔子曾入周向他问礼，这里的“入周”就是指孔子进入周天子的实际管辖范围。相传春秋末年天下大乱，老子骑青牛西行欲弃官归隐，到灵宝函谷关时，受关令尹喜之请著《道德经》，并流传于世。

《道德经》又称《老子》，是全球文字出版发行量最大的著作之一，对中国哲学发展具有深刻影响，其思想核心是朴素的辩证法。在政治上，主张无为而治、不言之教；在权术上，讲究物极必反之理；在修身方面，讲究虚心实腹、不与人争的修持。老子与庄子并称“老庄”，后被道教尊为始祖，称“太上老君”，唐朝时期被追认为李姓始祖。

老子的思想在当时主要目的是规劝人们顺应天道，发现人本能的天性。道法自然，天人合一。这里有一个重要的设定：认为存在着一种超脱万物的自然规律，不论是天子、诸侯、士大夫还是老百姓，包括各种国家关系，实际上都是处于这一个天道之下。这种终极法则或者规律指导着万事万物的运行，作为国家或者个人，不管你是什么身份都不要做违逆法则的事情，否则会遭遇天谴。比如说诸侯国恃强凌弱吞并小诸侯国，这个就是违背天道的，所以可能会遭受天谴，万物都该恢复到原先天道安排的秩序之下。老子思想的政治与人事主张涉及君主论、君臣关系、治理民众、国家关系、祸福成败等。

我们看到，老子思想并没有讲到一些具体的事情，比如周天子怎么去重新划分诸侯的权力，各国应该有什么样的内部治理结构，或者怎么去促进农耕、兴建水利工程等。因为只要大家顺应天道，敬畏法则，那么一切会自然而然地形成，而当时的天子和诸侯做的很多事情都不是遵循天道的，所以才有这么多乱象。这里我们要注意到，我们说的西周、东周、春秋战国都是后人为了便于陈述做的历史区分，当时的人看见的只是周天子治理之下大道崩坏，各种不守规矩、破坏秩序的事情不断出现。

第一，老子在个人生活、处世态度方面规劝君主。

《道德经》第十二章:“五色令人目盲，五音令人耳聋，五味令人口爽；驰骋畋猎令人心发狂，难得之货令人行妨。是以圣人为腹不为目，故去彼取此。”老子思想要求君主放弃丰厚的生活享受，认为过多的物质享受不利于养生。从养生的角度入手，君主也容易接受，对后世人们的修身养性也具有指导意义。

养生讲究“和”，“和”就是要知足不要过度，丰厚的生活享受属于过度的情况，所以不利于养生。《道德经》第五十五章:“知和曰常，知常曰明，益生曰祥。”“和”就是养生的规律，懂得了这一点就算是明白人。虽然从现代人视角看，像五音、五色、五味、狩猎之类的生活享受，在大多数情况下是合理的、有益的东西，但这种规劝是从“和”的角度，也就是合于天道角度出发的规劝，是一种辩证法的思想。

在处世态度方面，老子思想劝说君主让利于人、卑下于人。让利于人、卑下于人，有利于保障君主的性命与统治地位。《道德经》第七章:“天长地久。天地所以能长且久者，以其不自生，故能长生。是以圣人后其身而身先，外其身而身存。非以其无私邪？故能成其私。”所谓“不自生”“后其身”“外其身”“无私”都是让利于人、卑下于人的表现。这样做反而能够达到“长生”“身先”“身存”“成其私”的结果。

《道德经》第十章对君王提出“爱民治国”的思想，认为民众之所以会变成盗贼，是因为丧失了生活资料，断了活路。爱民利民，就是让他们在既有的社会秩序下可以维持起码的生存。第十九章：“绝圣弃智，民利百倍。”爱民利民就是减轻剥削扰民，让利于民。

《道德经》第七十七章：“天之道，其犹张弓与！高者抑之，下者举之，有馀者损之，不足者补之。天之道，损有馀而补不足。人之道则不然，损不足以奉有馀。孰能有馀以奉天下？唯有道者。”这里的“损不足以奉有馀”，是指统治者贪得无厌，盘剥本来就不足的普通老百姓。所谓“有馀以奉天下”，就是呼吁减轻剥削，让利于民。老子思想认为“损有馀而补不足”是“天道”，人的行为如果不符合天道，最终会受到惩罚。

老子生活的时代，诸侯国之间进行着激烈的利益争夺。《道德经》第二十四章：“企者不立，跨者不行，自见者不明，自是者不彰，自伐者无功，自矜者不长。”这段话就是对具有争天下野心的人说的，所谓“企者”“跨者”“自见者”“自是者”“自伐者”指的都是志在争夺天下的诸侯，他们胆大妄为、骄傲自满，但必然不会成功，也不会长久存在。第二十二章：“不自见故明，不自是故彰，不自伐故有功，不自矜故长。夫唯不争，故天下莫能与之争。”老子思想认为争夺天下违背天道，是必然不能成功的，相反地，不去争夺天下，反而没有人能够与他相争。争夺的不会成功，不争夺的反而有利，是一种矛盾转化的辩证观点。

第二，是老子对矛盾互相转化的思辨。

《道德经》第四十二章：“故物，或损之而益，或益之而损。”说明有利和不利是可以互相转化的。《道德经》第九章：“持而盈之，不如其已。揣而棁之，不可长保。金玉满堂，莫之能守。富贵而骄，自遗其咎。”就是说有利的方面发展到一定的程度，就难以保持，就会向反面转化。因此也提出了一条防止有利向不利转化的方法，叫作“功成身退”。就是有利的方面发展到了极致，再往前就会转化，这个时候要“身退”，免得灾祸降临。这实际上和西方哲学的辩证法一致，因为矛盾的两方面是可以互相转化的，《易经》中的“否极泰来”也是一样的道理。

在避祸趋福方面，《道德经》第五十八章：“祸兮福之所倚，福兮祸之所伏。孰知其极？其无正？正复为奇，善复为妖，人之迷，其日固久。是以圣人方而不割，廉而不刿，直而不肆，光而不耀。”所谓“正”就是一般情况下所采取的方法，用在祸福问题上，就是人们通常采取的追求利好的方法。老子思想告诫人们不要迷信这种“正”。因为矛盾是转化的，“正”会向它的反面“奇”转化，祸与福之间也会不断地转化，并且这种转化，人们难以预料。这种思想就是辩证。“方、廉、直、光”都是矛盾的一个方面，也就是“正”的品性，如果不控制“度”，最后就会走向反面。老子思想认为，要想避免失败而取得成功，人们主观上要有谨慎勤勉的精神。由此可见老子思想关于矛盾转化、量变质变的思辨和西方哲学异曲同工。

《道德经》第六十三章：“多易必多难，是以圣人犹难之，故终无难。”这是说矛盾的两方面是转化的，有利的方面会向不利的方面转化，不利的方面也会向有利的方面转化。因为有这种转化，所以宁愿从一开始就居于不利的方面。作为不利的方面的“难”指的是客观上的问题的难度。这种难度要求人们主观上采取相应的态度，这种态度就是“难之”，也就是谨慎勤勉。

第三，是关于世界本源的思辨。

老子首先思考的是哲学中最根本的问题，“道”就是万物的本原，而“道法自然”则回答了世界是怎样的问题。老子思考问题和解答问题的方式也是典型的哲学式反思和批判，是一种辩证法思维，老子用极富辩证思维的言语说明了人与自然、与宇宙、与社会的关系，提出了与当时绝大多数学派相左的“无为”思想。

老子思想认为只有对“道”的认识才是真正的知识，对“道”的追求和认识叫作“为道”，对“学”的追求叫作“为学”。为学的人在获取知识的时候，都要借助于大量的观察与实践；在表达知识的时候，又讲究内容的广博与文辞的华丽，这就是“为学日益”。为道的人与此相反，在获取知识的基础上，不断抽象提炼，再次表达知识的时候，讲究内容的精练与语言的简朴，在践行知识的时候，讲究无为。这就是“为道日损”。

这实际就是抽象性思维与具象性思维的区别。“为道”相当于对本质与规律的认识，“为学”相当于对现象的认识。“少则多，多则惑。”学习能够增长见识和知识，但是学习太多则会影响对客观事物的判断。在领悟“道”时要做减法才能更好判断事物，在实践的时候要拿起和放下结合，不能局限于书本。所谓“尽信书不如无书”也是这个道理。

《道德经》第四十二章：“道生一，一生二，二生三，三生万物。”第三十九章：“天得一以清，地得一以宁，神得一以灵，谷得一以盈，万物得一以生，侯王得一以为天下贞。”“一”思维是一种整体思维，是一种太极思维，也是“多元一体”的思维方式，讲究人与人、人与社会、人与自然共生共存、和谐相处，具有多元一体的价值和意义，是一种全方位多角度的圆融思维。因为“一”是为“无为”也，所以能收到“无不为”的效果。

中国太极的整体思维就是把人与自然、人间秩序与宇宙秩序、个体与社会看作一个不可分割、互相依存、互相对应、互相制约、平衡协调的有机整体。太极分阴阳是指将对象的各个部分联合为整体，将它的各种属性、方面、联系等结合起来。天人合一，推天道以明人道，率人道以合天道；道术合一，合万殊为一理，化万异为一宗。

现代科学有很多例子验证了“一”至“万物”的思辨，例如一切生物原本都发源于一个基本细胞。基本细胞分裂为二，二再分裂为四，四再分裂为八，这样持续不断地分裂下去，由简到繁，就构成了宇宙万物。例如随着量子理论的发现，物质底层的粒子反而越来越多，因此很多科学家正孜孜以求“大一统”理论，也是希望在物质的终极层面发现“一”的真理。

中国文化追求的是如何从本源上消解纷争，以获得安宁，老子中的一和二是相生关系，一何以能生二，主要是由于一是由二构成的。中国文化的太极图即充分表明了这一点。在太极图中，由一去看二，虽然有相克，但是也有相生，也就是相辅相成。“一涵二”和“二成一”是一生二,二中有一，而不是一分为二。因此，中国文化倾向于“从整体的和谐来看事物”，是站在“一”的角度来看“二”，所以会偏向于“一涵二”，也就是“一生二”，这就是综合思维的体现。中国文化之所以能够广泛的包容外来文化，使其融合内化为自己的组成部分，而不会丧失自身的主体性，其根本原因就在于中国文化“多元一体”的思维方式，所以能够广泛地包容外来文化而不丧失自身文化的主体性。因此，“一”思维涵盖中国文化之精义，能够融通百家而独树一帜。

第四，是对于自然规律的把握。

《道德经》第二十二章“少则得，多则惑。”“一”

为易简之极，至简则为太极。因此，“少则得”即为把握大道至简的整体思维方式，就可以“得一”，是以老子说：“是以圣人抱一为天下式。”“自然无为”即阴阳和谐共处、平衡统一的“太极状念”，即“中”也。

《道德经》第一章：“名可名，非常名。”这就是说，教化群众之法在根本上都是无为法，所以，不要执着于名相的区别，须知言不尽意，只有得其意而忘其言，超越语言文字的障碍，才能领悟到圣者经文背后所蕴含着的真义。各种哲学思想实际是“殊途而同归，一致而百虑”的。

老子及其后的道家学派，把“道法自然”作为追求真理的至高境界。对于一个真正智慧和英明的领导者来说，如果了解到表达一个事物，可以有无穷种语言方式和概念，甚至是完全对立的概念，自然会很小心地使用自己的语言，不会主观妄为，而是认真地把握自己的语言和判断，不要偏执一端。

这里的“无言”其实不是不说话，而是保留了所有可能的表达。而“无为”也不是不做任何事情，而是依照事物发展的规律做事，无为的同时保留了所有可能的手段。道家只在最需要的时候才“为”一下，随后马上又回到“无为”中。同样，人类的行为常常是根据自己的主观情感和思维及判断而产生的，如果我们的思想感情和判断是有问题的，我们的行为方式就一定有问题，乱为、妄为的结果就一定不好。如果事物的发展本来就有无限种可能性，就不要固执地只走一个方向，而要根据事物的变化发展，选择最合适的时间出手，也就是老子教导我们的“无为而治、不言而教”。

第三章 老子思想的西学视角

中国历史上，有两次外来文化和中国传统文化的大融合，第一次融合发生在魏晋南北朝时期，第二次则发生在鸦片战争之后。魏晋南北朝时期是少数民族文明与中原文明大碰撞、大融合的时期，以五胡入华为起点、以北魏孝文帝汉化改革为标志，中华文明输入了新鲜血液，才有了之后包容并蓄、瑰丽绚烂的大唐盛世，同时也是佛教文化和中原文明的大融合时期，由此产生了北传佛教，即使当佛教在发源地逐渐衰落之后，仍然在中国焕发着勃勃生机。

佛教文化和中华文化的融合有两个历史背景，第一个背景是当时正统中原文化已经“衣冠南渡”，作为北朝的统治者必须确立一个新的文化来代表天下正统，游牧文明虽然称之为文明，实际上没有什么拿得出手的典籍，所以北朝大力弘扬佛教文化。北魏孝文帝改革之后，儒家文化也成为北朝吸收的文化之一。

与此同时，在南朝，佛教文化也得到了很大的发展，我们熟悉的“南朝四百八十寺，多少楼台烟雨中”从一个侧面追忆了当时南朝佛教兴盛的场景。历史上的南朝从刘宋代晋（东晋）开始，到隋灭陈朝为止。南朝的特点是“出败家子”，骨肉相残导致宋、齐、梁、陈四个朝代迅速更迭，所以梁武帝萧衍在位的时候大力推广佛教文化，希望通过佛教教化众生、消除骨肉相残的杀意，也就是说兄弟之间不要为了一个皇位去争，这和老子的“无为而无不为”不谋而合。另外禅宗不立文字和老子的“道可道，非常道；名可名，非常名”也是异曲同工，因为任何文字，包括佛法，本身就是一种“相”。

中国历史上第二次文化大融合时期在1840年鸦片战争以后，西方列强凭借“船坚炮利”打开中国大门之后，中国有识之士提出了“师夷长技以制夷”“洋为中用”等理念，包括洋务运动、戊戌变法，实际都是希望将中西方文化进行融合的尝试，这种融合一直持续到现代。

但是，是否中国的传统哲学理念就过时了呢？实际上恰恰相反。2011 年 6 月 21 日，在美国纽约联合国总部，联合国秘书长潘基文在宣誓连任后发言。潘基文引用中国古代哲学家老子“天之道，利而不害；圣人之道，为而不争”的名言，表示要将这一先贤的智慧应用到工作中，在百家争鸣的思想中，找到行动上的统一性，与各国一起共同应对世界的挑战。

美国政界称老子是美国“总统之师”，美国前总统里根在上学期间偶然接触到了保罗·卡鲁斯翻译的《道德经》，从此痴迷于此书，并如饥似渴地反复研读，对书中“无为而无不为”“绝圣弃智，民利百倍”“能知古史，是谓道纪”等思想深悟其妙，并且在 1987 年的国情咨文中引用了《道德经》中“治大国若烹小鲜”这句治国名言，以阐明其治国理念。美国前总统奥巴马也十分喜爱《道德经》一书，他评价这本书是“人类的福音”。深爱《道德经》的还有美国前总统林肯，英国前首相丘吉尔等。

老子的著作与思想在西方世界的传播，是中华传统文化走向世界的经典案例。西方国家接受老子的道家思想晚于儒家思想，但热情更高。《道德经》在西方国家的传播主要经历了三个时期：第一个时期是从 17 世纪末到 20 世纪初。这一时期，西方传教士和神学家主要从基督教的教义中解读《道德经》，并在一定程度上误读了《道德经》；第二时期是 20 世纪上半叶，西方社会把老子的道家思想视为拯救西方文明物质欲望和精神空虚的灵丹妙药，西方各哲学流派通常根据自身的文化背景解读《道德经》，形成多元的解读现象。第三个时期是 20 世纪七八十年代。西方学者开始根据中国历史文化和各种史料，对《道德经》原文的每一章进行深入、认真的解读，同时他们也将老子与道教创始人联系起来，用道教来解释人类的行为，使之成为东方神秘主义的面纱。

据英国科学家李约瑟（Joseph Needham）考证，《道德经》最早的西方文字译本是 17 世纪末比利时传教士卫方济（Francois Noel）的拉丁文译本。此后，翻译、研究老子的外语语种与文献数量逐渐增多，在西方社会的传播广度和深度也逐渐加大。截止到 2020 年 5 月，共计《道德经》英语译本553种，法语译本91种，俄语译本69种，德语译本298种，西班牙语译本95种。

道家思想不仅影响了西方哲学领域，在科技领域、心理哲学领域也产生深刻的革新作用。俄国作家托尔斯泰（1828—1910）对《道德经》哲学有过这样的评价："苦恼人类的所有灾祸并非产生于人们不积极从事必要的事情，而是产生于从事各种各样不必要的事情。人类如果遵从老子所说的'无为'，不只可免除个人的灾祸，同时也可免除所有形式的与政治相关联的灾祸。"

德国著名哲学家莱布尼兹是较早受老子思想影响的西方哲学家。起初，他通过传教士了解了《道德经》的哲学思想和文化内涵。后来他亲自翻译《道德经》，根据《道德经》中的阴阳学说提出二进制思想，开创了现代哲学中逻辑学的雏形。哲学家海德格尔认为，"道"是人类思维发展的根源，是不可言说的上帝。叔本华推崇老子并领悟到《道德经》中所蕴含的思想实质上是基于客体的哲学体系，他认为这一体系中"道"是核心，是本原，是人类摆脱痛苦的路径，理性是老子思想的本质，是宇宙的内在秩序，是世界万物的固有法则，是无所不在的世界心灵。尼采说："《道德经》就像一个永不枯竭的井泉，满载宝藏，唾手可得。”黑格尔认为从《道德经》中可以看到哲学的每一个命题都完全按照太极图的正（阳）反（阴）合（中）的三维形式展开。

英国著名哲学家克拉克认为，道家思想在西方犹如一缕春风，一场春雨沁润着每个人的心田。人们希望过更好的生活，从传统宗教教条式信念的束缚中解放出来，这种夙愿通过领悟《道德经》就可以实现。道家思想使饱受苦难的西方人能够克服身心二元论，达到身心和谐完整的生活状态。他还进一步开阔了人们的视野，从更广的范围看待当代各种思潮。美国学者芭莉娅指出在美国找不到老子这样的哲学家，老子真正做到了大彻大悟，他的思想是一切哲学的核心，他的智能是全人类的智能。

许多诺贝尔奖得主和海外著名科学家将自己的科学发现归功于东方圣人老子提供的灵感。美国著名科学家卡普拉惊讶地发现，老子道家理论中的许多哲学与高能物理现象相吻合。他认为中国哲学思想中的“道”概念与量子场的概念惊人地相似。诺贝尔奖获得者著名物理学家李正道提到，《道德经》中所说的“道可道，非常道；名可名，非常名”与物理量子力学中的“测不准定律”有相通之处。著名数学家陈省身在1943年遇到爱因斯坦时，发现书架上的书并不多，但一本《道德经》的德文译本却被他翻烂了。

哥本哈根学派的领军人物，著名的物理学大师玻尔认为，虽然与中国道教的始祖老子在时空上相差甚远，但他的“相反即互补”原理与老子的“万物负阴而抱阳”的思想遥相呼应，他自己十分钟爱《道德经》一书。美国著名的物理学家、普林斯顿大学教授约翰·惠勒认为《道德经》中的“天下万物生于有，有生于无”的哲理，是他的“物理学质朴性原理”思想的先驱。西方科学家，大多喜欢老庄哲学中“道法自然”的理念，并从中找到科学思想的启迪。

这种阐述也出现在17世纪笛卡尔（R.Descartes）的哲学中，他的自然观基于从根本上将自然界划分为两个互相分离的独立领域：精神和物质。“笛卡尔分割”使科学家们可以把物质看作无生气并与他们自己完全隔离的东西，把物质世界看作由许多不同物质组成的一架巨大机器。

笛卡尔哲学不仅对经典物理学的发展具有重要影响，而且直到今天仍然对人们的思维方式有极其深刻的影响。笛卡尔分割和机械论的宇宙观在发展经典物理学和技术方面极为成功，但是又给我们的文明带来许多恶果。有趣的是，起源于笛卡尔分割和机械论宇宙观的20世纪科学，现在却在克服这种分割，并带领我们返回早期希腊和东方哲学中所表达的统一性的概念。

以容格（C. G. Jung）、惠特海默（C. Wertheimer）、马斯洛（A. H. Maslow）、罗杰斯（C. R. Rogers）为代表的心理学家也从道家思想中汲取精神资源，寻求治愈西方现代文明弊端、解决现代人生存困境的精神良方，他们把道家思想作为人类至高智慧的榜样加以崇奉，借以疗救西方人的精神缺失，抚慰自己的心灵，重建新的精神家园。

一些西方学者还对“德”做了一定的讨论。阿瑟·韦利认为，“德”在中国古代文化中有着同“道”同样重要的地位。西方人常将“德”译为“美德”或有良好的品质。亨利克斯也对《道德经》中的“德”做了解释。他认为“德”在《道德经》中有两方面的意思。一种意思是指能量或生命力，比如第五十五章对赤子生命力旺盛的描写，用以说明“德”性深厚的人的状态，可见这里的“德”的含义近似能量或生命力。另一种对“德”的理解是“合乎伦理道德的好行为”，比如第三十八章关于上德下德的描述。“上德”是真正的“德”，因为“上德”是不带任何外在动机地做合乎伦理规范的事情，同时也不关注他人是否承认所做之事合乎伦理。

《道德经》中也蕴含着深刻的经济学哲理。在经济危机中，西方经济界习惯性地将中国传统文化视为拯救西方世界的希望。曾经有英国学者指出，市场经济思想的真正鼻祖不是英国人亚当·斯密，而应是提出“无为而治”“我无为而民自化，我无事而民自富”思想的中国老子。

第二篇

老子『道』的解读与管理 上

老子《道德经》的各种注释本的版本问题十分复杂，例如魏晋时期流行的老子《道德经》文本，与唐宋以后通行的文本不完全一样。1973 年中国长沙马王堆汉墓《帛书老子》甲乙本出土，王弼《老子道德经注》中那些与老子原文对不上的地方，都可以在《帛书老子》甲乙本中找到与它对应的原文。这一情况的发现，说明王弼《老子道德经注》所用的文本是一个古老的版本，所以本书也采用王弼的注本[1]进行解读。

① ［魏］王弼：《老子道德经注》，楼宇烈校释，中华书局 2011 年版。

第一章

[原文]

道可道，非常道；名可名，非常名。无名天地之始，有名万物之母。故常无欲，以观其妙；常有欲，以观其徼（jiào）。此两者同出而异名，同谓之玄，玄之又玄，众妙之门。

[解读]

“道”如果是可以阐述的话就不是恒常之道，“名”如果可以来命名的话就不是恒常之名。大道的本质是虚无的、不可描述的，但又是实实在在存在的，“道”要求我们用不断变化的思想和观点看待万事万物。一切有形、有像、叫得出名字的事物，拥有的只是一个代称，执着于名分而没有名分。领悟了大道，世间就没有不能通晓的事物，没有治理不好的国家，也没有办不成功的事。所以可以称之为玄妙。

在天地诞生之先就已经有“道”的存在，“道”生天地，有了天地以后就有了人，有了万物，有了万种事业。世间之“道”是可变的，由一种转换成另外一种，有新的“道”的诞生，也有旧的“道”的消亡。为此，我们所见的一切的“道”都是变化的“道”，非恒久和永久的“道”，这就告诉我们要用一种变化的眼光看待问题。

我们应从无形无名中体会道的奥妙，从有形有名的事物中观察道的边界。“无”跟“有”都是同根，这叫“有无相生”。“好”跟“坏”其实也是同根，有“坏”才有“好”，有“失”才有“得”。

所以“道”是产生天、地、人、万事万物之本源呐！那是万物变化的玄妙之所在。所以说万事万物产生于无、诞生于有，此两者虽名字不尽相同，却从一个根上来，所以叫“此两者同出而异名”。

[管理视野]

现代企业是社会经济生活中最具活力和最主要的组织

形式。一个组织外部的商业环境和内部运行都是有规律可循的，都是体现在日常实实在在的事物之中的。我们学习理论的同时重在领悟其中蕴含的规则，要在学习前人知识的基础上，善于从日常的事物中总结提炼，才能真正做到运用之妙，存乎一心。企业的运营和其生存的环境是实实在在的，要善于理论联系实际，在实践中践行管理规则。不仅理论和实践是一体的两个方面，传承和创新也是企业运行的一体两面。市场是一个舞台，一切事物都在发展变化中，企业管理者面对市场形势，应该学会领先于变化，在变化中成为赢家。企业发展和企业管理都应该尊重规则或者经济规律，进而促进社会财富的增加与人类生活的和谐。

第二章

[原文]

天下皆知美之为美，斯恶（è）已；皆知善之为善，斯不善已。故有无相生，难易相成，长短相较，高下相倾，音声相和（hè），前后相随。是以圣人处无为之事，行不言之教，万物作焉而不辞，生而不有，为而不恃，功成而弗居。夫（fú）唯弗居，是以不去。

[解读]

天下的人都知道美好与丑陋是相对而言的。同样善良也是相对于邪恶而言的，因为有恶存在才有善的体现，反之有善则有恶。

“有”和“无”是相互生化的，难的事情和很容易的事情是相互成就的。长、短、高、低，都是在相互比较中才产生的。合奏的声音和单一的声音也是在比较中才能显现，也才能创造出优美的旋律。

所以圣人以无为而造化世间的万种事业，来处理万种事情。不用语言，而用实际行动去教化众生，去影响众人。无言的力量比语言的力量更大，说一千道一万不如做成功一件事，知行合一比我们说千道万要强得多。“万物作焉而不辞”意思是说圣人以顺其自然、顺应万物的态度去成就万事万物，而不会强加干涉。

大道生育了万事，润泽了万物，而不标榜自己的功德。正是因为这样居功不自傲，所以也不会丢失这个功劳，圣人的功德永远在世间被传颂着，而不会消失。

[管理视野]

第二章用一系列的美和丑、善和恶来对比，说明了万事都是相辅相成的，只有互相对比才能够衬托出来，包括长短、高下、音声相和等。万事万物都分成两个方面。天下事物，可分为简单的事物和复杂的事物。美，是简单的、单一事物的衡量标准；善，是复杂的、组合事物的衡量标准。不管是对简单事物的美还是复杂事物的善，只有以天下之美、天下之善来衡量，才能使那些美、善的人不再自以为是。老子提出世界最高标准的同时，把未及标准的争论看成这一世界不可分割的组成部分，相互依存着，此乃这一标准体系的过人之处。它们汇成天下最完善的标准体系。

联想到我们做事业，有天时、地利和人和，一个人的能量和一百个人的能量合到一起是不一样的，一个人的声音和一百个人的声音共同发出来的时候，一个显得渺小，一个显得浩大，所以又是不一样的，所以这才叫“天时不如地利，地利不如人和”。“众人拾柴火焰高”，就是这个道理。

以身作则，不言之教，有人做得不对，圣人怎么做呢？圣人用他的实际行动去感化对方，让对方认识到他所做的事是不对的，知错能改，这才是圣人想达到的效果。在企业中，管理者最大的职责自然是管人，但从人的本性出发，大多数人不喜欢被管，只有一种情况却是例外，那就是当人们从心底佩服某个人时，他就不会抵触这个人对他的管理，而会主动服从。制定种种制度和规则来约束人，固然可以达到目的，但是聪明的管理者能够“行不言之教”，让员工心甘情愿地服从。

企业需要员工的持续贡献。这就需要企业管理者在团队建设和团队领导中具有更高的智慧。高明的管理者，懂得“为而不恃”，不居功，不自傲，而是把业绩归于他手下的团队。这并不会导致自己的利益受损。示人以谦逊的姿态，可以让员工更加积极地为企业努力。

养万物而不占有，培育万物而不倚仗，成就功业而不自傲，这就要求管理者能够为下属搭建“舞台”，给员工充分实现个人价值的发展空间。企业管理者应该充分考虑员工个人的兴趣和追求，帮助他们实现职业梦想，例如职业生涯规划和不同岗位的进阶规划。管理者必须营造出某种合适的氛围，让所有员工了解到，他们可以从同事身上学到很多东西，以此来帮助他们充满激情地投入工作。

第三章

[原文]

不尚贤，使民不争；不贵难得之货，使民不为盗；不见（xiàn）可欲，使民心不乱。是以圣人之治，虚其心，实其腹；弱其志，强其骨。常使民无知无欲，使夫（fú）智者不敢为也。为无为，则无不治。

[解读]

如果不去推崇有才能有德行的人，民风就会非常的淳朴，老百姓就不会产生纷争。如果不把那些稀有的东西认为是宝，百姓就不会起偷盗窃取之心。

人有六根，叫“眼、耳、鼻、舌、身、意”，世间有六尘，叫“色、声、香、味、触、法”，六根对六尘。如果眼不外视、心不外想，耳不外听，老百姓的心就不会迷乱，这叫“使民心不乱”。

圣人治理天下，就是少让人产生乖巧、奸诈、阴谋，以及那些所谓的计策，让心宽广，让大家把生活过得好一些，像我们今天提倡的小康生活，同时，不让人巧取豪夺，不生那些奸佞之计相互竞争，而使老百姓的身体得到安养。这样，才能使世间民风淳朴，少阴谋、少诡计，致使那些有才智的人也不敢妄为造事。如果用这种顺其自然的方法，就没有他不能治理的，这就叫“无为而治”。

[管理视野]

在企业的管理中要想调动员工的工作积极性，关键在于公平。所谓的“不尚贤”，并非不重用贤者，而是要采用公平的激励机制，没有偏私，给员工提供一个平等的发展空间。“不尚贤”的本质就是公平，公平才能够“使民不争”。

“为无为，则无不治。”老子认为，用无为的方式处理政务，那么天下就没有不能治理的。无为管理并不是不要制度，也不是无所作为，而是不轻易干涉，管理者对下属是“指导”，而非“指挥”。现代企业大多建立了严密的组织机构和管理制度，本意是要成为管理者有力的助手，但大多数情况下，企业越大，制度越多，管理效率越低，致使许多管理者陷入了日常事务管理不能自拔，“大企业病”多来源于此。最高明的管理者不是依据表面的信息手忙脚乱地采取行动，而是把握管理的一般原则，实现“无为而治”，也就是多指导，少指挥。

“虚其心，实其腹，弱其志，强其骨。”在现代企业管理中可以理解成为“培养员工承担压力、面对挫折的能力”。管理者必须培养员工勇于独挡一面的工作精神和不屈不挠的人格，培训出强大而冷静，不卑不亢，不骄不馁，能够面对任何外界的变化而坚守自己的原则和底线的优秀人才。善于管理的企业高层往往心胸宽广、实事求是，一般人无法知道他想什么、要做什么，那些即使能猜出他想什么、需要什么的人也不敢轻举妄动。什么时候做、什么时候不做，完全按事物的规律来处理，就没有什么不能治理好的。

第四章

[原文]

道冲而用之或不盈，渊兮似万物之宗。挫其锐，解其纷，和其光，同其尘。湛（zhàn）兮似或存，吾不知谁之子，象帝之先。

[解读]

“道”是空虚无形的，但是它的作用是永远都不会穷尽的，永远都不见它使完，所以叫“或不盈”。“渊”是深远的意思。“道”好像是万物的老祖宗，在万物未生之前就有了，是万物之宗始。

当你锋芒太过，“道”给你消磨锋锐；当你忧愁烦恼，与事物起了纷争，那么“道”给你排解忧愁烦恼，解决你的纷争；当你的光弱了，“道”要给光加上光明，让你的光不至于减弱；当你的光太强了，“道”又给你调和一下，让你的光明不至于刺眼。万事万物，无论有形的无形的，“道”都给你混而为一，无论是脏的还是干净的，无论是邪恶的还是善良的，其中都蕴含着“道”！

“湛”就是隐没不见，“道”在世间隐没不见，我们看不见它，但是它的作用非常的伟大。有的时候就好像它真实地存在，被我们看见了一下，去抓它却抓不住，所以“道”不能捉持，但是它有无穷无尽的妙用。

我不知“道”是谁的后代，可能就是天地的祖先吧。“道”乃无形之物，但是化育万物、生育天地，“道”以“无为”发挥它的无穷妙用，“道”以“有为”成就万物的有形。

[管理视野]

道的奥妙在于它的虚无缥缈，但是又仿佛是无所不在的，这有些类似公司的企业文化。企业文化反映在一个公司做事的方法上，看上去是虚无缥缈的，但实际上影响着每个人、每个部门、每个管理者。企业文化是企业经过长期沉淀形成的。好的企业往往有好的企业文化，就像是“大道”一样，差的企业往往企业文化也是消极的，例如部门之间的推诿扯皮实际和高层管理者不能明察有关，领导喜欢他人吹捧的，自然公司存在一大帮拍马屁者，等等。这里也是《道德经》里第一次出现“和其光，同其尘”，原意是混合、调和各种光彩，使得事物不光耀突出，使其与尘世相同。作为成语“和光同尘”引申为对他人有宽恕之量，对谤语有忍辱之量，对忠言有虚受之量，对事物有容纳之量。

第五章

[原文]

天地不仁，以万物为刍（chú）狗；圣人不仁，以百姓为刍狗。天地之间，其犹橐（tuó）籥（yuè）乎？虚而不屈，动而愈出。多言数穷，不如守中。

[解读]

天地行事不以仁义为准则，对待万物皆平等！犹如对待祭祀时所用的稻草扎成的狗一样对待万物，天地从来没有偏爱。圣人的境界是和天地一样的，圣人对待百姓像天地对待万物一样，不以世间的仁义来强加给百姓，让百姓按照自然准则去行事，平等地对待他们。

天地之间看似是空的，就犹如我们冶炼的时候用的那个大风箱，它看似虚静，但力量无穷大，没有任何一种力量能让天地屈服。看起来虚空的大风箱拉起来之后，风越来越大，好像天地的造化万物的力量一样，从来都不会穷尽。

言多必失，怎么办呢？就要求少说多做，守住你认为是对的东西。儒家说“治中”，道家说“中极”，佛教说“中道”，那人就要守住“中和大道”，所以古人说得好，“天时不如地利，地利不如人和”，“人和”就是中和大道，它是我们成就一切事业的本源，我们要以和为贵，以中和为贵，这叫“不如守中”；还有第二层意思，你做一件大事情，会有很多人向你提供建议，这也叫“多言”。“多言数穷”，如果你不坚持自己的观点，不坚持自己认为最正确的方针策略的话，你就会变得六神无主，因为那么多建议，你听谁的？不如你守住你认为最正确的战略，坚定自己。

[管理视野]

“天地不仁”并不是批评天地或者圣人是不仁慈的，而是说天地和圣人对待万事万物实际上是一样的、不干涉的，因为大道有其自然的规律，而万物莫不从之。对具体的企业来讲，企业的运行规则、企业文化或者企业管理制度并不是针对某个人某个群体的，而应该是一视同仁的。古人讲“王子犯法与庶民同罪”，就是说这个规则是一致的，而不是对哪个部门优先或对某个人优先。企业的规章制度也应该如风箱一样，从外看是空的，但是其中具有的力量是无穷的。

“守中”，是自然的、美学的选择。圣人在某些方面具有超出一般人的能力，但大多数人不具备这方面的能力。守中是实用的进步工具。管理者能“守中”，就能在现有的条件下开展工作。被管理者能“守中”，就能进步，这是很客观的规律。“守中”是结果的中，而不是空间位置的中。管理中超出“中”的结果是让人满意、乐于接受的，达不到“中”的结果是让人遗憾、不满的。

第六章

[原文]

欲神不死，是谓玄牝（pìn），玄牝之门，是谓天地根。绵绵若存，用之不勤。

[解读]

“谷神不死”，谷神就是代表“道”，意思是说产生天地、万物，成就万种事业的“道”不会消失，永恒地存在，可以称之为一个玄妙的母体，具有生育天地万物的功能。它是天地的根本，也是万物之根本。它永远韧性地存在着，它的作用无穷无尽。

本章从字面来解，就是阐述“道”为什么是永恒的，为什么能够产生天地万物，成就万种事业。同时又形容“道”如同玄妙的母体，是天地的根本。

［管理视野］

“谷神不死”也可理解为“不死谷神”。想要处于不死的处境，只有包容一切。不论好的坏的、高兴的不高兴的事情都要包容。掌握包容与忍让的精髓和神韵，是立于不死之地的最重要的管理要素。对于企业经营管理而言，如果把握了经济环境的运行规律，企业自然会顺风顺水、蒸蒸日上，如果把握了企业内部运行的规律，企业就会井然有序、良性运转。这种企业生存和发展的规律是不会消亡的，是无形的、巨大无比的，是养育万物的。把握这种大道，往往会远离各种困难，对变化的环境能够及时适应，企业的成长也就是自然而然的事情了。

第七章

[原文]

天地长久。天地所以能长且久者，以其不自生，故能长生。是以圣人后其身而身先，外其身而身存。非以其无私邪（yé）？故能成其私。

[解读]

天地是长久、永恒的存在，它从来不为了自己的生存与物竞争，而是按照宇宙自然的规律运行着，滋养着万物，所以叫“以其不自生”。所以圣人效法天地、自然，在遇到事情、遇到利益的时候不与民争利，遇到事情的时候不争，叫“后其身”，反而使自身能处在众人之先。

当圣人遇到艰难险阻，遇到危险的时候将自身的安危置之度外，反而使自己毫发无损地生存了下来。正是由于他大公无私，所以能成就圣人的伟大功业，而造福了天下，造福了万民。

[管理视野]

世界万物中，凡是不为了自己生存而与物相争的，它的存在是长久的。比如，天（太阳）、地（地球）、月（太阴）等。相反，凡是执着于自己生存的，它们存在的时间长短，都是由它们的生命周期来决定的。比如人、动植物、微生物等。有一些伟大的人，他们的精神能在时间上超越他们的身体，存在于他们的身体生活的时空之外。遵循生命规律，你才会是一个理性的管理者；遵循了生命规律，按生命规律来处理事务，你的管理就会健康而充满活力。对于设备，在它的生命周期即将结束的时候，即使它尚无障碍，也要及时地进行更换，以确保健康稳定的生产；对于产品，在它的生命周期结束之前就做好迭代方案，产品才能够持续赢得客户的关注；对于项目，在它的生命周期完结时，能及时找到新的项目，就能够使公司的业务持续发展。

公司能够持续发展的，管理者遇事谦退无争，反而能在众人中领先。在日常生活中若能够做到“无我”“无私”，能够节制自身利益和自身欲望，不与人争，反而能够领先，得到最大利益，这也是符合自然规律的道。管理者在困难和危难当前能“外其身”，身先士卒，那么在不知不觉就会得众人拥护。因此，君子不争、不显、不露，做到无我、利他才是符合天地自然的长久之道。管理者把自己的利益放在最后，反而能够得到最大的利益；把利益置身事外，反而能够让公司得到长远地发展。

第八章

[原文]

上善若水。水善利万物而不争，处众人之所恶（wù），故几（jī）于道。居善地，心善渊，与善仁，言善信，正善治，事善能，动善时。夫唯不争，故无尤。

[解读]

善良的君子，他的性情、作为，就像水一样，善利万物而不争，不与人争名、争利，绝不居功自傲。贤德善良之人，那就是有道之人。

贤善之人走到哪里都是风水宝地；心胸宽广，志向高远；对待人和事物，给予友好良善，以仁德之心待人待物；说话算数，信必行，行必果，恪守信用。

贤善之人善于治理国家，善于管理百姓，善于发挥自己的所有能力，行动起来，也善于把握时机，因时而动。

“不争”是水最大的美德。贤善之人不与人争名、不与人争利，所以他不会遇到风险，也就没有灾祸了。谦卑地去帮助他人、做众人不愿意做的事，所以没有怨咎、过失甚至灾难。此“不争”是“无心”的，不是刻意的念头。此“不争”是“明道”，是以仁德对待万物，顺从自然的态度。

[管理视野]

“上善若水”是指对于复杂事物的处理，最好的方法就是像水一般。水，总是依照、服从世间万物的形态，顺应它们的形态来改变自己。这恰恰是大多数人最不情愿也是最不能接受的。所以，它几乎就是最高境界。水能够做到的，追求最高管理境界的我们也应该努力做到。面对任何复杂的事，只要我们按照“居善地，心善渊，与善仁，言善信，政善治，事善能，动善时”七个要求来认真处理，就能够得到好的结果。

“居善地”要求管理者贞洁自守，以德为本，处于不争、无争的状态，避高趋下，顺其自然，保持心身的中和之境，这样，自然也就没有忧患之事了。

“心善渊”要求管理者要善于换位思考，站在被管理者的角度看待问题。没有同理心就没有彼此之间的信任，没有信任就没有顺利的人际交往，也就不可能在分工协作的现代社会中取得成功。

“与善仁”要求管理者应该以仁义收人心，仁是一种大爱，能从情感上让人愿意追随。在管理的整个过程中，管理者除了以理服人，还要学会以情动人，让每一项管理措施合乎大道，深入民心。具体来说，这是一种亲和力。企业对员工的仁爱，不是小恩小惠，更不是表面上的虚情假意。实用主义的态度只是把仁爱作为追求私欲的手段，不会带来任何管理上的效果。

“言善信”要求我们说到做到，不轻易许诺。管理者的朝令夕改、出尔反尔是最大的不守信，必然导致员工对你的不信任。管理者要用人不疑，对于交办委托的事情反复关注恰恰暴露其无能和对下属的不信任。管理者要慎重于“言”，这样才能树立起自身的权威，以高尚的人格魅力彰显领袖风范。

“政善治”要求管理者应引导下属进行良性竞争，使团队得到良性发展。人力资源管理要善于抓住企业员工的心理特征、个性差异，调节员工之间的矛盾，使其达到和谐、统一、极具凝聚力的态势，使蕴藏在人力资源中的潜能与优势最大限度地得到发掘，同时彻底消除耗散人力的内部因素。良性竞争可以提高下属的工作热情，提升工作业绩；恶性竞争会破坏组织成员之间的合作，造成“内耗”，严重的甚至会导致优秀人才的流失。

“事善能”要求管理者应效法水德，通达调变，因人制宜，知人善任，使下属有自主决策与管理的权力，才能充分发挥每个人的潜力。

“动善时”是指把握机会，顺时而动，管理者要善于分析现实信息，审时度势，才能抓住机会，更好地适应市场的需求。

第九章

［原文］

持而盈之，不如其已；揣（zhuī）而棁（tuō）之，不可长保。金玉满堂，莫之能守。富贵而骄，自遗其咎。功遂身退，天之道。

［解读］

我们倒茶，把杯里边的水倒满了，这叫“持而盈之”。你再倒的时候水就会从杯子溢出去。怎么办？倒满了就得收，这叫“不如其已”。“已”是止、收的意思。

不断锤击某物，而使其逐渐脱散，不可能长久保持下去，这里的“棁”通“脱”。家里满屋都是金银珠宝，都是值钱的东西，被居心叵测的人知道了，就会惦记你家，说不定哪个时候家里的东西就被人盗走了。

大富大贵了，便起了骄横跋扈的心，瞧不起原来的亲朋故友，如果这样做，会引来灾祸，这叫“自遗其咎”，相反，应该对他们进行提携帮助。一件事情做得圆满了，就要含藏收敛，这才是符合自然规律的道理。

[管理视野]

不论做什么事都要把握“度”，像在杯子里面倒水，知道适可而止。事业做成功之时就要提拔团队，把名利让给年轻人，让团队去继续做。但这不代表自己不做事了，而是应该在成就之时去探索更大的舞台。在一生的自我管理中，“永不停息”是必不可少的重要管理要素。不停息，不是指拼了老命，而是要遵循自然的法则，日出日落、新陈代谢、生老病死等没有一样是可以回避的，也没有一样能成为“永不停息”不执行的借口。

第十章

[原文]

载营魄抱一，能无离乎？专气致柔，能婴儿乎？涤除玄览，能无疵乎？爱民治国，能无知（zhì）乎？天门开阖，能无雌乎？明白四达，能无为乎？生之、畜（xù）之，生而不有，为而不恃，长而不宰，是谓玄德。

[解读]

修身之道要学婴儿。“营”是灵魂，“魄”是身体。“道”是“无中生有”的无，空无为虚，虚者为神；“一”是“无中生有”的有，精气为物，有形为体。有魂魄、神管理身体，则神不离体；若身体管理着神，则是神魂分离。“抱一”就是心神合一。人为什么要有身体？身体常生病，但是身体是我们的工具，是实现愿望的载体。一出生的婴儿，身体和灵魂是合一的，是纯真的、自性的。长成孩童就开始变了，越长大越分离。婴儿就是柔软、柔和，气息微细。人越长大弹性越小，当一个人越来越不能适应外界变化的时候，僵硬了，就离死不远了。

“玄览”就是认识很深。怎么做到深刻的洞见呢？洗清思想的杂念和污垢，摒除妄见，就可以观察得更深刻。放弃鸡毛蒜皮的小事，清除贪欲，心灵的明镜就干净了。“无为”，就是懂得按照自然的规律去做事。

“天门”，是心神，感官之门，元神出入之处。做到心境极其静定，心神则能自由出入于天地之间，明觉万物造化，通晓宇宙真谛。成大事之人都不是用心计和小聪明去做事的。上等人才，德才兼备，人中稀有。德欠佳但有才能、善于心计的人，不可用，因为根性难变。才欠佳但有德，才是可以培养的人。

最大的德行是生养生物而不占为已有，顺应自然，给它一个适合的生存环境，任其自由生长。

[管理视野]

老子哲学思想提倡“无为”，“无为”管理不是什么都不做，而是依据事物发展的规律做事。在当今经济竞争日趋激烈、日趋全球化的深刻变革之际，学会授权、控权是一门艺术。有很多管理者学会了授权，但没学会控权，甚至认为授权后，就应该给予下属充分的信任，不该再去过问下属的工作，对任何事都不闻不问，否则，会让下属感到不被信任，打击下属的积极性。

团队管理是企业管理的重中之重。团队管理者要时刻反省是不是人尽其才，是不是掌握了所有成员的情况，是不是廉洁自律、以身作则。作为团队成员也是如此，反省自身是不是能和同事和谐相处、相互呵护，自己在团队中应该担任什么角色，能否做到领导在与不在一个样。

第十一章

[原文]

三十辐共一毂（gǔ），当其无，有车之用。埏（shān）埴（zhí）以为器，当其无，有器之用。凿户牖（yǒu）以为室，当其无，有室之用。故有之以为利，无之以为用。

[解读]

古代的车轮有 30 根辐条。这 30 根辐条是怎么样安到车轮上去的呢？车轮中心有一个小圆圈，辐条可以插在木制圆圈的圆孔里，正是因为车毂中间是空的才能产生车轮的妙用，才能做成车架带人行走。

用陶土做成的各种陶器、瓷器，这些器皿中间都是空的，由于中间是空的才能装水，装东西，才有它作为器皿的作用。建造房屋，房子有门有窗户，然后再有四壁，中间一定是空的，我们才能住进来，这才有房子的作用。老子用车、用器皿、用房屋做比喻，它们都是因为“无”才能发挥“有”的作用，才能提供便利。

本章重点讲了“有”和“无”的关系。“有”就是有形的事物，给人提供便利；“无”是无形的部分，因无形而产生妙用。“有和无”“利和用”就是阴阳太极，不可分开。我们执着于有，而忽视了无，那么我们就难以明了真理，难以发挥大智慧。

[管理视野]

优秀的管理者要虚怀若谷，甘于充当“无”的一面，因为只有“无”的一面做好了，充分发挥了“无”的作用，才能够让员工“有”的价值发挥出来。企业管理者应该认识到，高效管理的关键在于调动集体的力量，而不是事必躬亲、单打独斗。合理的授权可以增强组织决策的效率和水平，增强市场竞争力，并且能不断创新和增强企业的灵活性，也能使员工获得相应的信任与激励，充分发挥积极性与创造性，让整个企业良好地运转起来。

车毂中空才能组成车轮，陶瓷中空才能当成器皿，房屋中空才能住人，所以，一切有用的东西都是空与实的结合，有和无的相融，正如一个企业的管理，既要靠制度来规范人的行为，更重要的是靠包容来发挥人的主观能动性。

第十二章

[原文]

五色令人目盲，五音令人耳聋，五味令人口爽，驰骋畋（tián）猎令人心发狂，难得之货令人行妨。是以圣人为腹不为目，故去彼取此。

[解读]

“五色”指青、黄、赤、白、黑。色彩缤纷令人眼花缭乱。“五音”指宫、商、角、徵、羽。谐和的音乐有时能让人心喜悦、安宁。但是太多的听觉享受，让人听觉失灵。“五味”指酸、苦、甘、辛、咸，这里指多种多样的山珍海味，让味觉失灵，吃什么好东西都没有味道了。纵情地猎取动物，使心旌放荡而不可制止。珍贵奇居的物品见多了会让人心生贪念。

在解决了生活的温饱以后，不可过度追求奢侈享受。本章所提及的内容都是奢侈的感官享受，克制“五色”“五声”“五味”，围猎之乐、珍贵物品的享受并不是否定发展文化，也不是讲要把精神文明与物质文明对立起来，而是说生活应该向圣人学习。我们应该追求温饱安宁、返璞归真的生活境界，而不被声色所引诱；我们应该懂得以物滋养自己，追求内在宁静恬淡的生活方式和少欲知足的境界，摒弃外在物欲的诱惑。

［管理视野］

许多企业上市后，一下子募集来很多资金，各种资源汇集，各种诱惑也随之而来，很多老板会觉得自己无所不能，除了个人生活上不检点之外，在企业经营上也会开始所谓“多元化”之路。走多元化道路片面扩大规模，其结果往往是投资过大，负债率过高，一旦市场环境变化来，企业就马上面临资金链断裂的窘境。

从道家无为与有为的角度来看，越是资源丰富、顺风顺水的时候，越是要警醒，企业更应该注重专业化。专业的思路就是要求企业把有限的人、财、物、领导的关注力以及企业的潜在力等各种资源，集聚在某一方面，力求从某一局部、某一专业、某一行业进行进攻和突破，形成和凸显出局部优势，通过局部优势的能量积聚和市场的深度发掘，进而争得全局的主动地位与有利态势，使企业的增长更加健康、稳定、长久。

在证券市场上，很多专业化的公司往往比多元化的公司更加稳定、更受投资人青睐，而盲目多元化、甚至疯狂进行海外并购的公司，最后清盘、控股权被迫转移的例子比比皆是。并非是这些管理者没有上进心，而恰恰是因为太有上进心，脱离了“大道”甚至违背经济规律所导致。

第十三章

[原文]

宠辱若惊，贵大患若身。何谓宠辱若惊？宠，为下得之若惊，失之若惊，是谓宠辱若惊。何谓贵大患若身？吾所以有大患者，为吾有身，及吾无身，吾有何患！故贵以身为天下，若可寄天下；爱以身为天下，若可托天下。

[解读]

“宠辱若惊”指受到宠爱和屈辱都会感到惊恐。“贵大患若身”是指把荣辱看成和自己的生命一样重要。受到宠爱其实是下等的，所以无论得失，都会感到不安。

在老子眼中，得宠是最不重要且卑下的。为什么人们常把荣辱看得与自身生命一样珍贵？这就好比我们有这个身体，只要有身体，就有生老病死。如果没有了身体这个外在，那也就无所谓灾祸了。一个人如果懂得珍惜生命，放下个人的荣辱，人们就可以把天下的重责委托于他。如此奉献生命，“利他”，就是伟大的有意义的人生。

[管理视野]

老子要我们宠辱不惊，就是要我们拿得起放得下。但真正能不患得患失，放得开的人很少。一个公司的兴衰成败也是有规律的，经济的繁荣、衰退也是有规律可循的，个人的高峰与低谷也是常态，这时候就需要像老子教导的那样，做到宠辱不惊、不失本心。做投资的时候更是如此，顺风顺水时要做到平常心，投资失利时更要把这种挫折当成一种修行，“留得青山在，不怕没柴烧”，只有保持愉悦的心情，将暂时的荣辱置于身外，才能够从困境中走出来，取得持久的成功。

第十四章

[原文]

视之不见名曰夷，听之不闻名曰希，搏之不得名曰微。此三者不可致诘（jié），故混而为一。其上不皦（jiǎo），其下不昧，绳绳（mǐn mǐn）不可名，复归于无物。是谓无状之状、无物之象。是谓惚恍。迎之不见其首，随之不见其后。执古之道，以御今之有，能知古始，是谓道纪。

[解读]

一个事物如果看不到它，叫无像；听不到它，叫无声；摸不到它，叫无形；没法探索它是怎么来的，这可能就是我们所说的“道”。

“道”是很神秘微妙的东西，看不见，听不到，也摸不着。从上面看它又不发光，按光去寻找也找不到，从下面看也不阴暗，从暗处去寻找也找不到。

“道”是延绵不断，且不断变化，最终总是回归到无，无色、无声、无形。被称为没有形状的形状，也被称为不见物体的形象，似有似无，前不见头，后不见尾。若是能把握从古时就有的道，便能通晓世间万物，也就能掌握古今一脉相承的规律。

[管理视野]

不积跬步何以至千里，成功都是日常小的改进积累起来的，很多问题也是从小的地方产生的。不论在投资还是管理中，大家一直在思考如何预防“黑天鹅”和“灰犀牛”事件，事实上大的问题往往起源是非常小的事件，虽然无法把握，但是遵从规律，就能够及时纠偏。所谓管理并不只是日复一日地重复工作，而是及时发现问题、解决问题，这个发现问题解决问题的手段，就是依据规律、保持本心。

“执古之道，以御今之有”是现代企业管理应该参考的重要核心内容，讲的是要认识规律，若是能把握事物发展变化的规律，那么我们就可以驾驭今天的事务。

第十五章

[原文]

古之善为士者，微妙玄通，深不可识。夫唯不可识，故强（qiǎng）为之容。豫焉若冬涉川，犹兮若畏四邻，俨兮其若容；涣兮若冰之将释，敦兮其若朴，旷兮其若谷，混兮其若浊。孰能浊以静之徐清？孰能安以久动之徐生？保此道者不欲盈，夫唯不盈，故能蔽不新成。

[解读]

古时候善于当官的人往往高深莫测，一切通达，叫人难以理解。得道之人所做的事业和得道人的境界，一般的人没办法洞彻其中的玄机，只能用几种比喻来形容。

得道的人非常的小心谨慎，犹如光着脚，在冬天冰冷的水中渡河。每日都是小心警惕地防范，犹如邻国要来进攻一样。他庄严肃穆地打扮一番，赴朋友之约去做客，又很怕让主人家不满意，感觉不尊敬。他洒脱而不执着，就像冰块慢慢消融一样。他敦实淳厚，像没有加工过的原料。他心胸豁达宽广，就像深幽的山谷一样。他宽厚包容，像浑浊的水一样。

能够使浑浊的水慢慢地清静下来，能够使静的东西动起来，然后充满着生机。得道的人，从来不骄傲自满，正因为他谦虚谨慎，所以能够吐故纳新，发明创造。

[管理视野]

成功的管理者总是表现得很慎重，就像是冬天走在覆冰的河面上一般。他们对待中层很重视，让人感觉很受尊重。有时候又表现得若即若离，让人搞不清楚。他们对待中层表现得很放心，什么事都敢放手给他们干，同时又很包容，他们相信中层的能量和忠诚，就像在大海中随意航行都不会迷失方向一样。

第十六章

[原文]

致虚极，守静笃（dǔ），万物并作，吾以观复。夫物芸芸，各复归其根。归根曰静，是谓复命。复命曰常，知常曰明。不知常，妄作，凶。知常容，容乃公，公乃王，王乃天，天乃道，道乃久。没（mò）身不殆。

[解读]

“致虚”和“守静”是两个非常重要的功夫，也是《道德经》的重点内容。宇宙间万物都是动静、生死、有无的循环往复。老子认为的“道”之常是“虚无”、是“静”“道”的变化是“有”、是“动”。“有”和“动”最终也会归于虚无、静笃。“致虚极”讲的是心念。当波动的心念调整到一丝动念都没有，静到了极致的时候，我们就可以看清楚大自然永恒不变的规律，洞悉大道的真谛。心空无物、心静至极，就能终身没有什么忧患、成就伟大事业。

万物纷纷芸芸，各自返回它的本根，这就是复归于自然。如果不认识自然规律，轻妄举止，往往会出现灾祸。认识自然规律的人是无所不包的，无所不包就会坦然公正，公正就能周全，周全才能符合自然的“道”，符合自然的道才能长久，终身不会遭到危险。

万物纷纷扰扰，但却充满生机。其变化千差万别，很难从表象上看到它们本来的样子。但天地万物的根本就是清静，懂得放空心灵、修身养性，才能悟得大道，才能看清事物的发展规律。

［管理视野］

“致虚极，守静笃”是修行中的一种觉知的状态，不是我们大脑想出来的那种聪明心机。明白有无、动静的关系才是明白自然规律的大道。不明道理，就大胆妄为，只能带来忧患和祸害，最终还是伤害自己。

因此，老子认为圣人修行有三个步骤：

第一，明理（观复）。明白道理、自然生生不息循环的规律。

第二，本性。生命的本质和根本是“静”。复归本性就是回到“静”，也是万物不变的规律。

第三，复命。由静至动，再由动至静是无止息地循环着的规律。在“动”中达到了真正的虚空和宁静，又在静中变化出纷纷扰扰的“动”。但是无论如何动，最终总会归于静。

从这种辩证思维中管理者可以认识到，内外世界的高度和谐，是产生一切力量、成就的条件。一个管理者不仅要以企业的战略目标为重，而且要注意与这个目标密不可分的关键所在，那就是与企业员工之间的关系。无论企业的发展目标如何，没有所有员工的齐心努力，是无论如何无法达成的。

企业的经营管理中，公正无私是长久的真理。公正合理才能够顾全大局，才是按照规律法则去做事。重道的人，必然对天地有敬畏之心，也懂得包容万事万物，不妄加干涉。懂得包容万物，才能做到真正的公正合理。在有限的生命里，如果遵照道的规律行事，我们就能终身没有什么祸事。当员工感到所在企业是一个公平世界时，才能有一种平衡感和希望感，对企业产生高度的信任，这种信任自然有利于提高企业的绩效。

对于任何一家企业而言，其发展都应该有“万物都一齐蓬勃生长”的冲劲。企业的发展是在生存基础上更高级别的价值需求。企业发展需要极大的支撑成本，如果没有充分认识企业的生存现实，没有策略、没有目的地进行盲目扩张，那么将会导致赢利预期落空，甚至逃不过盛极而亡的命运。

第十七章

[原文]

太上，下知有之。其次，亲而誉之。其次，畏之。其次，侮之。信不足，焉有不信焉。悠兮其贵言。功成事遂，百姓皆谓我自然。

[解读]

管理者有四种层次境界，无论是政界、商业还是家庭事务的管理等等，都可以参考老子说的这几个层次。

最高明的管理者，以道管理：顶级的管理者与道浑然一体，即太上的“道管合一”“无为而治”。只是有管理者的存在，但是人们感觉不到他的存在。太上境界的管理者采用的是顺应自然规律的方法，不对人进行干涉，他经常优哉游哉，很少发号施令，因此大家都非常自在。言出必行。

其次，以仁德管理：人们因为人格魅力赞誉他、亲近他。这个层次的管理者近道，但还没到“悟道”。他们的特点是非常平易近人，常常给大家施恩惠，人们因此就愿意亲近他、赞誉他。

再次，以威严管理：人们对这种管理者心怀畏惧，因为他经常盛气凌人，喜欢用各种苛刻的规章制度约束和惩罚别人。这么做也极大地抑制了创新。这个层次的管理者是不明道的，不明白事情的本质。

最后，以辱骂管理：最下等的管理者专横跋扈、不讲诚信，经常压榨和辱骂别人。他的下属只能忍气吞声，大家都不喜欢他。这种管理者其实因为他能力不足、信用不足、自信也不足，下属就不尊重他。管理者自己都不讲诚信，人们也就不相信他。

老子认为的“无为而治”，不是说毫无作为，而是需要“贵言”“慎行”。什么都不做不是“无为”。“贵言”就是少发号施令、少干扰、少说话，让员工自己发挥自己的作用，但并不是放纵不管，对于不合理的事情应及时调整。最好的管理者在默默之中就把大事业做成了，人们还以为本来就是这样的，这一切都是自然而然的。这也就达到了老子所讲的“道的太上境界”。

[管理视野]

人的本性就是自由自在的，如果加以过多的限制，轻则以损失创新力为代价，重则可能招致员工怠工、反抗，甚至集体辞职跳槽。而另外一方面，人的本性又是喜欢夸大自己的作用的，表现在外的就是好大喜功或者事后揽功。员工如此、企业管理者也是如此。“功成事遂，百姓皆谓我自然”是说高明的管理者不争功，在完成功业的过程中员工感受不到受他人强制的情况，认为本来就是这样的。

现代经济社会，企业的外部环境瞬息万变，企业必须通过内部调整变革来适应形势，但推进变革肯定会损害一部分人的既得利益，因为种种反抗、消极怠工而推进不下去的案例比比皆是。因此高明的管理者在处理变革时，往往聘用外部的管理咨询公司做规划，通过第三方来传达管理者的意图，这样变革就容易达成共识。

聪明的管理者最擅长充分授权，自己退居幕后，尽量减少干扰，让员工在其职权范围之内，拥有足够的自主权，这样才能充分发挥其主观能动性。实现授权的一个重要平衡点就是相互信任，信任是授权的前提。

事必躬亲的管理者往往本身是非常能干的，甚至觉得与其交给下属去办，不如自己办效率高，久而久之陷入了一种不可自拔的漩涡，干得越多，就越是有更多的工作需要自己亲手去做，而员工反而养成依赖的习惯。相反，如果能给予下属足够的自由空间，把事情交给下属去独立完成，只帮扶不干涉，就可以使自己摆脱那些繁琐的日常事务，企业也会形成一个自组织、自激励系统，自动协调地完成目标。

第十八章

[原文]

大道废，有仁义；智慧出，有大伪；六亲不和，有孝慈；国家昏乱，有忠臣。

[解读]

“仁义”“孝慈”“忠臣”是和“大伪”并列的，都是乱世产物。《道德经》中说明的规律是：越是缺什么，越是提倡什么。老子认为社会之所以会乱，是因为大家都没有按照“大道”的自然规律做事。

“大道废，有仁义”：在管理上，大多数人都是采取“有为”的方法。当有“大道”的时候，体现的是“无为而治”，不体现在“仁义”之中。大道荒废，只能用“仁义”去治理和教育。

“智慧出，有大伪”：各种聪明智巧的现象出现了，那么卖弄心机，说假话、做假事、不守信用的人就多了。

“六亲不和，有孝慈”：当家庭出现不和谐、有纠纷的时候，贤孝和慈悲就体现出来了。

“国家昏乱，有忠臣”：当国家出现动乱时，忠臣才能体现出来。

[管理视野]

现在很多企业都提倡企业的社会责任和企业家精神，恰恰说明了这两种事物的普遍缺失，特别是有的企业一边在提倡社会责任，一边在排放污水损害环境，有的企业家一边在公众场合标榜自己，一边却私德废弛。很多上市公司一边大肆宣传保护股东权益，一边放纵疯狂套现。

“仁义”是好的品德，但如果讲仁义就把大的理想和目标抛弃在一边，或者说一套做一套，那么就是虚伪的仁义了。

第十九章

[原文]

绝圣弃智，民利百倍；绝仁弃义，民复孝慈；绝巧弃利，盗贼无有。此三者，以为文不足，故令有所属，见素抱朴，少私寡欲。

[解读]

抛弃聪明和乖巧，老百姓就可以得到百倍的利益。这里说的“圣”不是说圣人，而是指聪明智慧。老子主张“无为之治”，就是提倡不需要刻意用聪明智慧去干涉老百姓的生活。人们自然会用自己愿意的方法去治理生活，这样对百姓是有无限好处的。

断绝仁爱抛弃正义，老百姓就会恢复孝慈的天性，懂得尊老爱幼。过度的礼仪训练的结果就是形式化，是没有感情的。“仁义”用来行道是很好的，单一礼教反而是有害的，极大地束缚人的创意。老子说的“仁义”也是有两面性的。真的“仁义”本来就在人的天性里，根本无所谓抛弃。需要抛弃的是虚假的、只是为了表面形式而做。

断绝巧诈和贪利，盗贼就自然消失了。当人们都不贪名逐利，没有什么贪心，安守本分，还有什么人会去偷呢?

因此老子说，我们要抛弃“圣智、仁义、巧利”这三者。“圣智、仁义、巧利”在老子认为都是趋于形式化的礼节巧饰。老子希望人们能够如婴孩般，保持纯洁朴实，内心减少私欲杂念，则无往而不胜。在他看来，圣人内心是平静的，根本不会被外界的物质吸引，也不会因灾难祸害而迷惑困扰。

老子说的无知无欲不是真的什么都不追求，而是适可而止。那要怎么去把握那个度?这个才是真正需要我们去学会的。按照老子的想法，他还是推崇让人把巧诈、获利的心思放下。心安静了，自然能审断是非，自然能看明白事实真相。

[管理视野]

现代人追求聪明睿智和巧言善辩，但在老子看来，这些不见得都是好的。因为，如果将聪明才智用于为百姓服务，用于积德行善，那肯定是好的；但若将聪明才智用于违法犯法、损人利己上，那将是非常可怕的。

管理者一方面要学会放弃高明的手法和自以为智慧的手段，拒绝通过技巧强行获得利益；另一方面在选人用人时也要懂得辨别，避免将技能才华作为企业重要且唯一的招聘标准，不以形式化的礼节巧饰去要求员工。

第二十章

[原文]

绝学无忧。唯之与阿，相去几何？善之与恶，相去若何？人之所畏，不可不畏。荒兮其未央哉！众人熙熙，如享太牢，如春登台。我独泊兮其未兆，如婴儿之未孩。儽（léi）儽兮若无所归。众人皆有馀，而我独若遗。我愚人之心也哉！沌沌兮！俗人昭昭，我独昏昏；俗人察察，我独闷闷。淡兮其若海，飂（liù）兮若无止。众人皆有以，而我独顽似鄙。我独异于人，而贵食母。

[解读]

真正达到了绝高的境界是没有忧愁的，因为所有的问题都会正确解读了。应诺和呵斥，相差得有多远？善良与邪恶又相距多少呢？人们所畏惧的不可以不畏惧。

人们对于天地的畏惧，对于法律的威严，对于种种规章制度，还得顺从。“荒兮其未央哉！”这些道理从古代到现在从来都没有间断过。

众人熙熙攘攘，就像穿着华丽的衣服去参加一个盛大的宴会，也像春天百花盛开，人们登上高台与山顶，去欣赏四面的风景。得道的人淡泊如水，就像什么都与他无关一样，如同婴儿还不知道很多道理，不知道因何而欢喜，因何而忧愁。

众人皆有所归，而我却飘荡无依；众人皆富足有余，而我却空无一物；我恐怕是有一颗愚钝之心吧！众人皆明晓事理，而我却一无所知；众人皆严厉苛刻，而我却纯朴宽厚。我的心似大海般波涛汹涌，又似凭风吹散，无处停留。众人皆有所长处，而我却笨拙无能。但我与常人最大的不同，就是悟出了“大道”。

[管理视野]

独树一帜有多难，在一个细分市场上，往往有领先者、有跟随者，更多的是效仿者，大多数企业往往满足于现有的市场地位，因为市场竞争到一定程度的时候，份额往往趋于稳定，这时要提升份额只有另辟蹊径，而这种另辟蹊径是有着巨大的成本和风险的。我们都知道企业要培育核心竞争能力，就必须要做与众不同的事情，要耐得住寂寞，要谦虚地把自己看作一个还不曾开窍的孩童，当大多数人认为他们给客户的已经足够的时候，我们还要真诚地觉得自己还有不足和遗漏之处。

我们还要时刻保持谦逊的心态，普通人都能热议的话题，我们要独自保持沉默，大家都认为有生存的法宝了，我们还要顽强地去找寻。做到这些，才能做到百年传承、基业常青。投资也是如此，抱朴守拙才能保持良好的心态，坚定自己的投资理念，不为一时的市场偏差所动，才能取得长久的收益。

第三篇

老子『道』的解读与管理 下

第二十一章

[原文]

孔德之容，惟道是从。道之为物，惟恍惟惚。惚兮恍兮，其中有象；恍兮惚兮，其中有物。窈（yǎo）兮冥兮，其中有精；其精甚真，其中有信。自古及今，其名不去，以阅众甫。吾何以知众甫之状哉？以此。

[解读]

本章再次解释“道”。最大的德是遵循道的法则，大德的形态也是由“道”决定的。“德”我们是看得见的，它是言辞、行为、态度、表现。“道”是我们看不见、摸不着的。它总是恍恍惚惚、昏暗不明，仔细看又好像里面有实物，像雾里看花一样！人们一会儿感觉到它的存在，一下又感觉抓不住它。所以“道”是在有无之间。我们也是通过认识“道”来逐渐了解天地万物的规律。老子在《清净经》说“大道无形，生育天地；大道无情，运行日月；大道无名，长养万物”。《易经》从“天、地、人”的角度去解释宇宙万物，也是可以帮助我们理解“道”的规律。

［管理视野］

在老子的哲学体系中，“道”是一个非常重要、非常复杂的概念，指的是浑然一体的宇宙本体，永恒存在的天地万物之源，运动不息而对立转化的规律和法则。老子的无为思想并不是一种西方意义上的知识学体系，而是一种生命的智慧，一种对“道”的追寻。老子的“道”学说，就是对宇宙万物的形而上的把握。它的宗旨，不在玄远的空洞世界，而在生活的实践之中。

如果我们总结自身的经验，就会发现其中都是有规律可循的。有些规律很明显，也有一些需要我们仔细观察、思索才能理解。所以，管理者若想要达到“运用之妙，存乎一心”的无为管理境界，就要在管理实践中不断摸寻“道”的轨迹，提升自己的管理艺术。如何让员工的能量得到最大化的发挥，是每个管理者都在思考的问题。但是这个问题并没有固定答案。作为管理者，应该在日常管理中逐步总结规律，给予准确及时和针对性的指导。

第二十二章

[原文]

曲则全，枉则直，洼则盈，敝则新，少则得，多则惑。是以圣人抱一，为天下式。不自见（xiàn）故明，不自是故彰，不自伐故有功，不自矜故长。夫唯不争，故天下莫能与之争。古之所谓曲则全者，岂虚言哉！诚全而归之。

[解读]

得道的人是圣人，他们以一些不变的生存法则为天下人做出示范。当一个人受了委屈，就和人对着干，硬碰硬往往都是没有好结果的。因此委曲便会得以保全，屈枉便会直伸，低洼便会充盈，陈旧便会更新，少取便会获得，贪多便会迷惑。懂得迂回绕行反而能够安全到达目的地。在一个章节中，重复“曲则全”两次，说明了老子对这句话的重视。它不是一句空话，而是一个很全面的关于生存法则的概括。

有道之人不自我表扬，反能显明；不自以为是，反能是非彰明；不自己夸耀，反能得有功劳；不自我矜持，所以才能长久。正因为不与人争，所以遍天下没有人能与他争。古时所谓“委曲便会保全”并不是一句空话。

老子说，要明道，首先应该从“动静、有无”四个字去思考事物。其次就要学会谦虚，不与人争。遇到功名利禄就让出去，遇到危险就冲到前面。如果遇到这样品行的人，那就是有道之人。

[管理视野]

能够成就大事的管理者，往往把谦虚作为行为的准则，不论身处高位还是低位，学会谦虚，众人就会拥护你。因此一个人要懂得放低身姿，如水一样才能使得自己有成长空间。

老子认为，人没有必要自吹自擂、自以为是。认为自己有多了不起，其实都是没有自知之明的，不但事情做不好，而且会遭人嫌弃。不自以为是，反而能够明白是非对错的结果；不夸耀自己，反而使别人愿意把功劳归结于你。

管理者应该有放眼世界的全局目光，不把眼前一时的得失当成事物的全部，不把自己的主观判断当作事物的真实面貌，不把自己的功劳当作唯一的功劳，不把自己创下的业绩当作长久的业绩，这样才能有长久的成功。

第二十三章

[原文]

希言自然。故飘风不终朝（zhāo），骤雨不终日。孰为此者？天地。天地尚不能久，而况于人乎？故从事于道者，道者同于道，德者同于德，失者同于失。同于道者，道亦乐得之；同于德者，德亦乐得之；同于失者，失亦乐得之。信不足，焉有不信焉。

[解读]

不言政令不扰民是合乎于自然的。狂风刮不了一个早晨，暴雨下不了一整天。天地的狂暴尚且不能长久，更何况是人呢？天地法则不会被人为左右，大自然会根据万物的属性任其发展。天地的语言，一般人是听不懂、听不到的，因此人要用心效法自然。

老子进一步通过“道、德、失、信”四个字来阐述人们是怎么根据属性来分类的：喜欢道的人，发现身边都是修道的人；喜欢德的人，身边常常发现有德的人；贪婪的人也经常喜欢扎堆一起，离道就远了。

人无信则不立。人没有信用了，有了“信不足”的属性，就自然会被划分到“不被信任”的类别。那么他就没有办法完成大业，得不到人的信任。因此，我们要与有道的人同行，以德为人，明白失道的后果，讲求诚信。我们说的“物以类聚，人以群分”，说的就是这个道理。

[管理视野]

这一章老子通过“希言自然”来告诉人们应该珍惜自己的语言，说出来的话就要有效果，言出必信。如果一个领导者说出的话不能兑现，大家不再信任他，后果就更严重了。领导者应该珍惜言辞，发出的管理指令尽量不干扰到员工的工作，员工就能自由自在地发挥他们的才能，这样就是符合自然之道。

从被管理者角度看，我们从领导、上级那里得到的信任不足，就是因为我们还有不值得他们信任的地方，因此，也要通过不断的学习来提升自己，端正品行，获取他人的信任。

第二十四章

[原文]

企者不立，跨者不行，自见（xiàn）者不明，自是者不彰，自伐者无功，自矜者不长。其在道也。曰馀食赘（zhuì）行。物或恶（wù）之，故有道者不处（chǔ）。

[解读]

《道德经》里有几个原则老子在重复陈述，总结起来就是“四不”原则：“不自见、不自是、不自伐、不自矜”。老子认为，做人不能太满，做事要留点余地。

踮起脚跟，企图高人一等，想要站得更高一些反而站不稳。因此，我们要打好根基，扎好根。太过急功近利反而容易把事情做砸了。迈开大步想拼命往前跑快点，一下就没后劲了，反而走得不远。老子在告诫我们欲速则不达。我们不能只是讲究速度，而是要稳步前进，走好每一步。

自以为是的人反而得不到彰显。自以为是的程度太严重，别人的意见一点都听不进去，必将付出惨重代价。如果自己认为自己什么都可以做得好，那么别人也无从帮你了，吃亏的还是自己。最困难的事不是“知人不易”，而是有自知之明。

自我夸耀的人很难建立起功勋。做了一点好事就生怕别人不知道，这是“阳德”，功劳有限；不吱声去行善，是“阴德”，行阴德必有大福报。

“不自是、不自矜、不自见、不自伐”是符合道的做法。自以为是、自高自大、自吹自擂、自认为了不起，都不是有道之人的行为。

[管理视野]

中国有句古话叫“欲速则不达”。虽然加快发展是企业追求的目标，但是如果缺乏理性的态度，以浮躁的大踏步思维来拔苗助长，那就需要反思了。对每一个企业来说，它的成长都有其独特的客观规律，必须尊重而不能超越。如果心浮气躁，盲目求快，或许可以取得一时之利，但终会因资金、实力、内部管理等因素，把企业弄得千疮百孔。因此，要想使企业在竞争中永远立于不败之地，就得扎扎实实，一步一个脚印地前进。

第二十五章

[原文]

有物混成，先天地生，寂兮寥兮，独立不改，周行而不殆，可以为天下母。吾不知其名，字之曰道，强（qiǎng）为之名曰大。大曰逝，逝曰远，远曰反。故道大，天大，地大，王亦大。域中有四大，而王居其一焉。人法地，地法天，天法道，道法自然。

[解读]

宇宙之间，有个东西它相互混沌而成，形成时浑浊不清，在天地存在之前有了。这个东西就是宇宙万物的本源。你看不到它的形象，听不到它的声音，它是那么寂静和悠远。它不受外物影响且始终如一，它永不停歇而且无穷无尽。因为天地万物都是由它而生，所以可以把它称为天地万物的母亲。

我不知道这个东西是什么，因为它没有任何属性。我用“道”这个字来命名它。然后再勉强给它起个名字叫“大”。它大到没有尽头，而且一直运行不息。它伸展遥远，最后还是返回到它的本原和出发点。

宇宙万物中道、天、地、人四个是最大的东西。当人和天、地、道合一的时候，他就可以发挥天、地、道的作用。人要想在地球上和谐生存，就必须要遵从地球的法则。

[管理视野]

一个人的观念决定行动，行动导向结果。说到底，人和人的竞争、企业和企业的竞争，最终都是思维方式的竞争。一个因循守旧、不善变革的人，很难在竞争中处于有利地位。卓越的管理者都善于从不同的思维角度寻找解决问题的办法，以变革思维引导企业的前进和发展。万物是循环往复、变化发展的，形势的变化必然引起事物发展趋势的改变。在变革的时代，优秀的企业管理者必须寻求、探索变革，寻找变革所带来的机遇，做变革的主人。

在中国传统文化中，始终将“天、地、人”三者并列，被称为“三才”。对一个企业而言，人的作用更是重要的，它是企业发展的动力与源泉，是企业最核心的因素。管理说到底就是管人，管理好人应当从“以人为本”着手。管理者要认识到，人不是物化形态的附庸，而是一切的主宰，是“管理”这个天地中唯一的主人。对一个企业来说，人的智慧、经验、能力、价值观念、人心向背等这些无形资产远远高于资本、设备、原材料等有形资产的价值。

企业经营风险和亏损并不可怕，真正可怕的是人才的流失，士气的低落，人心的涣散。这种无形资产的损失，远非金钱所能衡量，亦非金钱所能挽回。因此，人才是管理的核心。否则，管理就只有躯壳而没有灵魂。企业的未来归根结底都是掌握在人的手中。

第二十六章

[原文]

重为轻根，静为躁君，是以圣人终日行不离辎（zī）重。虽有荣观，燕处超然，奈何万乘（shèng）之主，而以身轻天下？轻则失本，躁则失君。

[解读]

本章讲的是：厚重与轻浮，静定与急躁，它们相互约束。重的下沉，轻的浮起来。老子不是说重是轻的根本，而是说有德的人、厚重的人是可以制约轻率、失态失礼的人。同样，安静的人也可以约束急躁的人。

辎重是运送着军粮器械的车，这里指的不是物资，而是“道”“德性”。君子外出，虽然有各种美食胜景吸引着他，却心态安然洒脱，不被这些物质的东西迷惑住而心生留恋。

为什么大国的君主要轻视天下、以轻率躁动的行为治理天下呢？那将导致严重的后果。因此，大国的君主不可轻视自己、不可急躁。“轻则失本，躁则失君。”太轻浮，就会失去根本。太急躁就稳不住，会失去对事业的一切控制。

［管理视野］

不论是作为管理者还是作为员工，履职的基本素质就是责任担当，没有担当就会失去根基。在力所能及的范围内，我们每天要给自己一些担当，在压力下不断地磨炼自己。承受压力、担当责任是我们能够轻松自如地完成工作的基本保障，安静、稳重比急躁、焦躁更要得到尊敬和推崇。一些圣贤者正因为如此才能获得荣耀的地位。历史上那些曾坐拥万里山河的君王失位的原因，就是只图享乐、不承担责任，现实中很多遭遇败家子的家族企业往往也是如此。

第二十七章

[原文]

善行无辙迹，善言无瑕谪（zhé），善数（shǔ）不用筹策，善闭无关楗（jiàn）而不可开，善结无绳约而不可解。是以圣人常善救人，故无弃人；常善救物，故无弃物，是谓袭明。故善人者，不善人之师；不善人者，善人之资。不贵其师，不爱其资，虽智大迷，是谓要妙。

[解读]

善于做事的人，就像船经过水面不会留下痕迹。不善于做事的人，常常留下一大堆后遗症。老子说的“善言”不是鼓励人说话，而是能够谨慎说话，不会留下毛病让别人指责。

一个很会计算的人不用工具也能算清楚。善于锁门的人，不用栓梢工具关门，别人也打不开。善于捆缚结绳的人，不用绳索或者扣子，别人也不能解开。

圣人经常救人，不会动不动就抛弃别人，在他的眼里大家都是一样的。圣人常常用道法语言去度化人，让人转向慈悲喜舍。只要机缘成熟，他都会出来帮助你。圣人也善于物尽其用，所以不会把闲置的或者没用的东西扔了，在他眼里无废物。待人无善恶好坏，待物没有高低贵贱。这才是真正的智慧。

善人和不善之人都有各自的作用，善人在潜移默化之间把知识灌输给不善良的人。不善良的人是善人的镜子，让善良的人看明白为什么不善良的人有那么多的不顺利，告诫自己不要走向反面。所以，不尊重像老师一样的善人，或不教化那些不善之人，都是糊涂的行为。其间也有很多高深玄妙的道理。

［管理视野］

本章是对“自然无为”思想的引申。老子用“善行”“善言”“善数”“善闭”“善结”作喻指，说明人若是精于某处，符合于自然，不必花费太大的气力，就有可能取得很好的效果，并且无可挑剔。

真正的管理要依赖被管理者的自觉行动，如果需要频繁动用严厉的制裁手段，往往是失败的开始。在企业中，管理者和员工似乎处在矛盾的对立两面。大多数人都抱怨过老板忽视自己的意见，用指挥、命令的方式来行使领导的权力，甚至经常无情地批评与训斥下属。同样，大多数老板也经常对员工感到不满意，认为员工不服从管理、不遵守制度、生产技能不够、懒惰、效率低下等。这种矛盾的根源往往是简单粗暴的管理方式，领导者利用地位权势去控制他人，被领导者往往是简单机械地执行命令，甚至消极怠工，企业因此陷入低效和内斗的恶性循环。优秀的管理者则用自己的魅力去感染他人，称职的员工将工作视为个人潜力释放的过程，这才是企业欣欣向荣的基本保证。

企业家要懂得以优秀者为师，向他人学习。树立学习和追赶的目标，通过资料收集、比较分析、跟踪学习、重新设计并付诸实施等一系列规范化的程序来发展自己。见贤思齐，才能继往开来。大企业即使作为强者也不能松懈，因为大企业有大企业的问题，应该向小企业学习高效率、快反应的决策方式，小企业则应该将行业龙头作为标杆和榜样，以强者的经验为标杆，并将这种经验灵活运用到自己企业的经营管理中，就会大大提升企业的效益。对于任何企业而言，都需要向别人学习，借鉴别人的经验，学习别人的长处，从而改善自我绩效，实现自我超越。

第二十八章

[原文]

知其雄，守其雌，为天下谿（xī）。为天下谿，常德不离，复归于婴儿。知其白，守其黑，为天下式。为天下式，常德不忒（tè），复归于无极。知其荣，守其辱，为天下谷。为天下谷，常德乃足，复归于朴。朴散则为器，圣人用之则为官长。故大制不割。

[解读]

人们常常觉得光明、强大、荣耀是好的，而得道的人却主动守住柔弱、暗昧和屈辱，使自己始终保持合于道的自然状态，即“婴儿”“无极”“朴”的状态。保持“常德”，即懂得“雄”“白”“荣”，却要守于“雌”“黑”“辱”。

“雄”即刚强有为的表现，“雌”即柔弱、收敛无为的表现。我们要强大，首先要守住柔弱，甘心作天下的沟壑。当人们能够如溪水般柔和，回归到婴儿般纯真无邪、无忧无虑的状态，那么德就会长久。这样做是合乎道的。

我们要得到光明，首先要守住暗昧和谦虚，能够在黑暗中行进探索，成为天下人的探路者。当成为天下人典范的时候，德才不会有所偏差。

我们要得到荣耀和尊贵，就要守住卑贱和谦卑态度，甘心成为山中的低谷。只有这样虚怀若谷，永恒的德性才能够得到圆满，回归到本来朴实的状态。

形而上者谓之道，形而下者谓之器。有道的人上通无形的道，下达有形的器。像把原木雕刻成各种工具，得道的圣人发挥他的潜能，就能成为百官之长。治理大事不可以分割得太清楚，同理，一个符合大道的体制和治理方法也是自然而成的。

[管理视野]

企业的决策者和古代贤明的君主一样，必须广开言路、博采众长。要形成科学的决策需要全面了解企业经营中的信息，但是任何决策者都不可能全知全能，因此广泛听取下属的意见就成为必需的环节。作为管理者要正确对待下属的想法、意见和议论，哪怕其中有不恰当的内容也要弄清缘由和道理。尽管某些意见不能被采纳，但至少可以作为决策的参考。管理者还要引导员工参与到决策中来，同样的问题有没有员工参与会使决策执行的效果截然不同。

管理者姿态越低，聚集的能力反而越大。纵观自古以来的伟人名家，地位越高的人，越是谦虚谨慎；成就越大的人，越是战战兢兢；智慧越高的人，越是坦率赤诚；名声越响亮的人，越是尊重别人。自谦自省是每个管理者的修身必备。

优秀的管理者要懂得曲己顺物、弃学待知、虚怀若谷，做到以无形驾驭有形，以柔弱掌控刚强，这就是无为管理的境界。作为管理者，对于自己过去的成功所依赖的定论或经济法则，应该尝试着去否定，并以此为出发点重新构思事业。管理者也只有在不断否定自己的基础上才能获得个人的进步和团队的发展，才能使自己对问题的本质有一个清醒的认识，在未来的工作中防患于未然。管理者还应加强自身修炼、提高自己的心理承受能力，才会在各种挫折面前不气馁，并且带领团队奋发向上。

第二十九章

[原文]

将欲取天下而为之，吾见其不得已。天下神器，不可为也。为者败之，执者失之。故物或行或随，或歔（xū）或吹，或强或羸（léi），或挫或隳（huī）。是以圣人去甚，去奢，去泰。

[解读]

本章老子再次强调了无为而治。老子认为天下臣民，不是随便可以据为己有的，更不是可以按照自己的意愿驱使的。企图凭借一己之力治理天下的人，终将失败；企图收归天下臣民为己用的人，也终将尽失民心。

如果一个人需要管理、治理非常大的组织，甚至是一个国家，他如果用强制性的措施去管制，最终必然事与愿违。当制度太严苛，人的本性就被压抑了。当人们压抑本性且时时担惊受怕时，就不敢创新、不敢承担。因此圣人治理天下，基本不会凭借主观意愿或强制性的政策去支配大家，天下反而因此太平大治了。

每个人的脾气秉性很不一样，思想追求也各不一样。世间的人，有的性格柔和，有的刚烈急躁，有的激进前行，有的喜欢跟随，有的完全落后跟不上，有的强壮，有的羸弱，有人喜欢安居乐业，有人愿意冒险，因此无为而治才能让人自由发挥。

当一个人做事过于极端，必将带来凶险，因此管理过头了也是会带来灾祸的。老子反复强调管理者应顺其自然，去掉骄横跋扈的习性。

[管理视野]

现代企业面临的最大问题之一就是人力资源的不合理配置，由此导致的机构臃肿，人浮于事的大企业病比比皆是，甚至一些才起步的中小企业，一旦取得了一点成功之后，管理者也志得意满，仿照大企业那样设部门、置流程，结果导致效率低下，创业中途夭折。

一般来讲，企业规模越大，管理层级越多；在业务一定的情况下，管理层级越多，所需人员越多，企业运行成本越高。所以，在企业能正常行使其管理职能的前提下，管理层级越少越好，扁平化管理有利于提高效率。一个企业，要想驶入健康发展的快车道，必然要把有限的资源配置在重要的战略位置上，得到最大的利用，获得最大的效能。只有这样，才能形成合理的布局，使企业既具有强健的体魄，又不至于过于臃肿，对市场反应迟钝。

让管理扁平化，让最优秀的人完成最重要的任务，让企业轻装上阵，用“柔顺”的方法治理企业是企业快速发展的必要条件和前提。

第三十章

[原文]

以道佐人主者，不以兵强天下，其事好（hào）还。师之所处，荆棘生焉。大军之后，必有凶年。善有果而已，不敢以取强。果而勿矜，果而勿伐，果而勿骄，果而不得已，果而勿强。物壮则老，是谓不道，不道早已。

[解读]

有道的人是怎样去辅佐君王的呢？他们绝不以兵力强取天下。老子认为要保证国家的安定，可以发展军事力量，拥有军队和武器，但同时提出了“国之利器不可以示人”。因为战争的后果是毁灭性的，哪怕拥有最先进的利器，也不可以轻易发动战争。战争这种事实在没有好处，是不得已而为之。主动发动战争的都会遭受灾祸。战争是残酷的，大战之后饥荒连绵、一片荒凉。

用兵之道要讲求一个合理的度，只要能够保全自身、救济危难就够了，不可以用兵力强霸天下。即使战胜，绝对不夸耀自己，不骄横跋扈，必须懂得见好就收。骄傲是兵法大忌，骄兵必败。

任何事都应该知道见好就收，事物太强大了就必然开始败落，正如人在壮年之后就开始衰老。因为事物一旦太过强大就不符合“道”，自然就很快消亡。

[管理视野]

现代的竞争更多的时候是一种“双赢”的结果，而不一定是你死我活。竞合战略是对恶性竞争的抵制，是一种以柔克刚的巧妙方法。现在越来越多的商业竞争对手结为战略伙伴进而合作。这些对手通过这一策略，不但弥补了各自的不足，还进一步做大了市场这块蛋糕的份额，获得了双赢。事实证明，这种策略更适合于现代企业的生存之道。

所以，企业家带领企业加入市场竞争，不但要学会竞争的方法，更要走出“竞”的局限，进入“合”的境界，以更高超的合作技巧与更宽广的胸怀来挖掘优势、各取所需、求同存异，实现资源互补，寻求更高层次的合作。企业家要善于运用“合作共赢”思维，实现企业间的互利共荣，实现自我收益的最大化。战略合作既能降低企业经营成本，又能高效运用彼此间的优势资源，达到提升销量，提高盈利水平的作用。

第三十一章

[原文]

夫佳兵者，不祥之器，物或恶（wù）之，故有道者不处（chǔ）。君子居则贵左，用兵则贵右。兵者，不祥之器，非君子之器。不得已而用之，恬淡为上，胜而不美。而美之者，是乐杀人。夫乐杀人者，则不可以得志于天下矣。吉事尚左，凶事尚右。偏将军居左，上将军居右。言以丧礼处之。杀人之众，以哀悲泣之。战胜，以丧礼处之。

[解读]

兵器啊，是不祥的东西，人们都厌恶它，所以有“道”的人不使用它。君子之间以左为尊，而在军队中是以右为尊，这就说明行兵打仗并非顺应天道，而是不得已而为之。打了胜仗也不要自鸣得意，如果自以为了不起，那就同喜好杀人无异。凡是喜欢杀人的人，就不可能得天下。吉庆的事情以左边为上，凶丧的事情以右方为上，偏将军居于左边，上将军居于右边，这就是说用兵打仗就和办理丧礼这类代表灾祸的事一样。战争中杀人众多，要用哀痛的心情面对，打了胜仗，也要以丧礼的仪式去对待战死的人。

[管理视野]

在老子看来，兵器是不祥之器，战争是有悖于大道的，所以要尽量避免战争，和平的解决方式才是最好的。因此和竞争对手之间，也要尽量避免争端，要善于运用智慧、实现企业间的“共赢”。

另外，管理者要想整合团队就必须慎用威仪、高压的手段，员工在紧张状态下工作，工作效率一定会受到影响。很多公司管理者看见员工忐忑不安、如坐针毡，觉得是自己权威的体现，殊不知员工长期处在很大的压力下工作，会产生厌烦情绪，轻则机械、消极，重则失去创造力、离心离德。人有被赞扬、被肯定的心理需要，管理者应设法调动员工积极性，使其把工作当成一种享受，主动、快乐和自我实现的阶梯，最佳工作效率来自高涨的工作热情。

第三十二章

[原文]

道常无名，朴虽小，天下莫能臣也。侯王若能守之，万物将自宾。天地相合以降甘露，民莫之令而自均。始制有名，名亦既有，夫亦将知止。知止可以不殆。譬道之在天下，犹川谷之于江海。

[解读]

“道”一直是无名而质朴的，像没有加工过的木头，它小到肉眼看不见，大到没有边际。它虽然那么小，却是天下的本源，也没有任何事物可以使“道”服从他。

侯王若能守“道”治理天下，百姓们将会自然地归从于他，万物也会为他所用。天地之间如果阴阳调和，人们不必强求也自然会降下甘露，使万物蓬勃生长。

如果要管理天下，就要建立一种管理体制，制定各种名分和奖罚，任命各级官员。但是，这种制约和管理也要适可而止。这才是符合“道”的。知止，才会其用无穷。“道”存在于天下，就像江海，一切河川细水都最终汇入归流于它。

[管理视野]

企业发展到一定阶段后，要想继续壮大，规避经营风险、组成战略联盟、实现资源共享和优势互补无疑是提升竞争力、获得竞争优势的捷径。企业间通过相互合作进行等价交换、优势互补，可以在一定程度上通过资产、技术、品牌等优势把市场这一“蛋糕”做大，从而实现规模效益，达到赢利最大化和资本增值最大化的目标。但互补的前提是双方具有某种资源的共通性，例如，客户群体的互补性或重合性，市场目标和品牌主张的一致性，等等。在这个基础上合作双方可以置换各自的优势资源给对方，最大化地保证各自的资源在这个系统之内发挥价值，一方面更好地满足各自市场的需要，另一方面可以节省各自的营销成本。

第三十三章

[原文]

知人者智，自知者明。胜人者有力，自胜者强。知足者富，强行者有志，不失其所者久，死而不亡者寿。

[解读]

本章从“知人”“胜人”“自知”“自胜”四个维度去讲人生的真谛。

什么人是智者？能知道别人已经不容易，了解自己才真的难！能够认识、区分和了解别人的人，是聪明的人。能够了解自己、明心见性，才是真正的智慧。最高明的是觉知、觉明、觉悟。因此，智慧在聪明之上，“觉知”比智慧更高。换而言之，能够了解别人的人，不一定能认清自己。由分别心产生分别智，而无分别之智是圆融的，后者知人明己。本性的觉知、觉悟是无分别的智慧，这种状态的人明心见性，很大可能就是得道的人。

天底下最大的敌人是自己。能够战胜别人的人是有力量的人，能够战胜自己的弱点、克制自己的欲望的人才是真正的强者，要改变自己的习性、本心就必须要克制恶习、节制欲望，因此真正的强者必须要有坚毅的意志力，拥有正直的浩然之气。

一个人是否富有并不是用金钱的多少来衡量，但如果能懂得知足，便会常觉富足，不起贪念。同样，一个人是否强大不是看力量的大小，而如果能坚持不懈，便也可视其为强者。对一个人来说，无论取得了什么样的成就，最重要的就是不能忘本。失了本心就如同一个人失去了根基，漂泊无依。一个人的生命就是有限的，但他若能顺通而行，那么即使生命不存在了，“道”也依然能流传下来，这才是真正的“生生不息”。

［管理视野］

在老子看来，“知人”“胜人”十分重要，但是“自知”“自胜”更加重要。为人处世应当对他人和自己都有客观的、实在的了解与认识。

可怎样才算了解与认识别人呢？“知人”应当了解他人的内心，认识和把握他人的性格特点、思维方式等。管理者的工作主要是与人打交道，是在平衡各种人的利益与关系，因此，有智慧的领导必须要了解与他打交道的人，了解他的长处和短处，了解他的所思所想，这样在工作中才能减少差错。

管理学中重要的一项内容就是“沟通”，从企业内部环境看，现在人们常常强调要建立学习型组织、加强团队合作精神等，就说明有效的企业内部沟通交流是成功的关键。从企业外部环境看，为了实现企业之间的竞合与互补，处理好企业与政府、企业与公众、企业与媒体等各方面的关系，也需要熟练掌握和应用管理沟通的原理和技巧。

实现更好地沟通，需要管理者付出信任和尊重，它只有在双方平等的条件下才有可能实现。就渠道来说，沟通可以有多种，正式的、非正式的，信息沟通、情感沟通、决策沟通、民主沟通。但沟通的关键是如何用对方可以接受的方式来进行。针对不同的人，要采取不同的沟通方式，才能保证沟通的有效性。企业可以建立一些沟通的制度规范，如会议制度、座谈制度等，也可以通过调研、谈心、通报等形式，广泛征求员工的意见建议，达到统一思想、推进工作、实现和谐的目的。管理者还可以发挥团队的积极作用，以企业文化的方式，例如演讲会、节日聚会、体育比赛等活动，打通管理者与普通员工之间的沟通渠道，让大家在建立情感纽带的基础上自由沟通。

“不言之教”是老子一贯的管理思想，“身教”是最好的沟通方式。从某种意义上说，管理的实质就是引导，是要将员工的思想、行为引导到企业所期望的轨道上来，引导到实现企业的目标上来，所以管理者要在不断提高沟通意识和沟通能力的基础上，通过自身的修炼，身先士卒，给员工做出榜样。

第三十四章

[原文]

大道氾（fàn）兮，其可左右。万物恃之而生而不辞，功成不名有，衣养万物而不为主。常无欲，可名于小；万物归焉而不为主，可名为大。以其终不自为大，故能成其大。

[解读]

道无处不在，一切时空、一切事物都有道的存在。有人劳师动众，不得成就；有人却四两拨千斤，成就伟大。为什么相差那么远？答案是“道”的作用。道并没有远离任何人，而是人因为欲望而偏离了道。简单和专注就是道。

万物依照道而生长，万物依照道而获得成就，万物都是依靠道而生生不止。道养了万物，而不自以为主宰。它常常无欲无求，朴素率真，在无声无息之中滋养了万物。它小到无形无相，我们用肉眼都看不见，但是万事万物都归顺于它，它也因此而伟大。

因此，得道的人，哪怕做了伟大的事业，也绝不居功自傲。正因为他不自大，所以才能成就伟大的事业。

[管理视野]

这一章说明“道”的作用，“道”生长万物，养育万物，使万物各得所需，而“道”又不主宰万物，完全顺其自然。当前路茫茫、大道难分的时候，领导人总是能够理出头绪、找到目标方向。他具有极强的凝聚力，人们都会追随着他而不会离去。对于领导人来说，取得成功、为世间万民提供衣食只是一些无须记载的小事；但若天下尽归于他，他仍然不认为自己是他们的主人，这样的事才值得载入史册。正是他把自己看作伟大的人物，所以具备了成为领袖的能力。

第三十五章

［原文］

执大象，天下往；往而不害，安平太。乐与饵，过客止。道之出口，淡乎其无味，视之不足见（jiàn），听之不足闻，用之不足既。

［解读］

老子在本章中继续阐述“道”在人的生活上不可思议的作用。前面章节中的“道”充满了神秘色彩，说明“道”对人百益而无一害，存在于有形和无形空间，而且它总是那么安静、祥和、让人愉悦。一个人只要得“道”了，天下的人都会想投奔他，因为他让人有安全感，心里踏实。如果从色、香、味、触去理解“道”，它尝起来平淡无味，小到看不见、摸不着，却用之不竭。

如果有人掌握了伟大的“道”的运行规律，他就掌握了“道”的能量，普天之下的人们都愿意归顺于他。“道”给天下带来美妙的生活，它与万物同在，而且不主宰它们，任由万物自然发展。它的存在那么安详，让人们不互相侵犯，也不会因为利益而谋害他人，因此天下的人都非常向往这种平安、幸福、快乐的生活。

有“道”存在的地方，呈现一片太平盛世之相，连过往的客人都停止了脚步，都想享受这种曼妙的生活。如果用言语去评论“道”，那是十分苍白无力的，我们也听不到它的声音，然而它的作用却是无穷尽的。

[管理视野]

“道”在企业经营和市场竞争中也有着玄妙的体现。企业核心竞争力是决定企业生死的关键，核心业务是企业保持核心竞争力的根本，而核心业务又来自核心的团队，也就是人的主观能动性。当在某一个企业发展不如意时，要善于自我检讨，是否存在短板，有什么强于别人的核心优势。

跳槽是现代人司空见惯的职业行为，但是很多时候往往是平台成就了个人，而失去了平台的加持，可能一切都会被打回原形。因此，当个人发展不满意时，也要注意正确评估自己，选择自己最适应和最擅长的领域发展自我，才是明智之举。

第三十六章

[原文]

将欲歙（xī）之，必固张之；将欲弱之，必固强之；将欲废之，必固兴之；将欲夺之，必固与之，是谓微明。柔弱胜刚强。鱼不可脱于渊，国之利器不可以示人。

[解读]

本章讲的是治国、管理之道，老子通过“歙张、弱强、废兴、取与”四个排比，说明“见微知著”的规律。此章不是老子的阴谋论，而是要说明：柔弱胜刚强。如果人们能够觉察环境的细微变化，就能把握未来。老子讲究的治国、管理的方法是阴柔的，他认为任何治理都离不开法、术、势。法是明面的，属于阳谋，所以是可以展示给人看的；术、势是阴谋，应该隐藏起来。

想要收敛它，必先让它扩张、膨胀。想要削弱对方，必先加强、抬举对方。要让一个东西废止，就先让它兴旺，使它骄傲。想要夺取得到它，就先给予它。

“柔弱胜刚强”是本章的总结。有道的人都是刚柔并济，内刚外柔：外相常常展现出浑厚圆融的柔和，内在却是坚韧强大无比。硬碰硬的争夺往往没有好的结果，搞不好两败俱伤。柔弱者是谦虚的、真正的强大；刚强性子的人常常显得很骄傲，结果反而会失去很多东西。

鱼儿生存不可以脱离池渊，国家有比别人先进的武器、核心技术、核心人才，都要藏起来，不可以向人炫耀，因为它是为了保护人们的安全的。

[管理视野]

同理，企业的核心竞争力，也要隐藏起来。凡事泄则败，密则成。一个人得势了，万万不能骄傲，隐藏实力就是对自己最好的保护。

“鱼不可脱于渊”，我们都知道，鱼儿离水必亡。同样，企业无论生存还是发展，都不要脱离自己最适应、最擅长的领域。很多企业上市之后，一下子汇集了大量的现金流，大股东、高层管理者们往往觉得自己无所不能，加上各种各样的外界诱惑，缺乏深思熟虑就收购兼并上下游企业，或者跨界收购，甚至还被冠以产业升级这样的美称，一旦遭遇经营环境的变化，可能一下子就垮了。

对于刚走过创业期的企业而言，企业家应开始做“减法”，将精力从不擅长的领域收回，在自己最擅长的领域发展自己的核心竞争力。当一个企业完成原始积累，进行快速扩张以后，企业面临的矛盾主要是企业自身成本的提高与人员、资源、能力的局限性。企业处处“开花”，任何一项业务都做到业内数一数二是不现实的。这时盲目地进行所谓的多元化经营就会显得捉襟见肘、力不从心。

面对风险，最好的应对之道就是根据企业发展的实际情况进行策略调整，从什么赚钱就做什么的多品种、小批量、低水平的“多元化”竞争中解放出来，找准突破口，走专业化经营的道路，实现在品种上、价格上、成本上、服务上胜于对手的竞争优势，使企业在某一个行业或者某一个细分市场上占据绝对优势。

越是风生水起的时刻，管理者越要保持冷静的头脑，越是需要做减法，剥离利润较低、发展过慢或者企业不占优势的业务，专心致志地从事主营业务，将其做大、做强、做精，形成局部优势，从而确立企业的核心竞争力。当企业在某一个局部形成“爆发点”，所有能量得到精准释放，企业的赢利水平将大幅提升，企业也将会在获利性增长中逐步扩大规模。

第三十七章

[原文]

道常无为而无不为，侯王若能守之，万物将自化。化而欲作，吾将镇之以无名之朴，无名之朴，夫亦将无欲。不欲以静，天下将自定。

[解读]

本章是“道经”的最后一篇。从第一章开始，老子都在说理想的社会是因“道”的“无为”而存在的。道的“无为”体现在“静”“朴”“不欲”。如果管理者能够按照“道”的法则去管理，不去干涉人们的生活，百姓就能安然自在，天下就太平了。

“大道”经常是处于自然无为的状态，因此人们看不见它的行动或者作为。然而天地之间的一切都是由

“道”生化的。我们所见到的一切事物都是“道”的作用。君王、管理者如果能够根据“道”的法则去治理和管理，世间万物都能在自然中孕化，并且能够按照自己的规律实现充分的发展。

当人们在自然发展中起了贪念时，就要拿“无名之朴”（即“道”的真朴）来抑制它、调整它，最终使人们的贪欲逐渐减少。达到无欲的时候就是近“道”了。没了过多的贪婪欲望，人们就不折腾、不浮躁了，天下就自然恢复正常、安定。

[管理视野]

企业管理中一个较高的境界就是以企业文化来感召员工自主工作，而不是以制度和层级来限制员工的自主性。“老板在与不在一个样”是很多管理者希望达到的境界，其原理就是在共同价值观和愿景下，实现员工的自我管理、自主操作。让员工各司其职、自主工作，会使员工自我认同感加强，对企业的忠诚度加深，以“主人翁”的心态加强责任感，最终实现工作的高效率、高质量。这种工作模式在IT类企业已经被广泛认同，特别是谷歌、苹果等这些创新型企业，舒适自由的办公环境，充足的食品饮料供给，灵活的工作时间，几乎成了激发程序员创造灵感的标配，有些企业甚至允许带宠物上班或者在家上班。其背后的规则实际上就是管理者需要发挥员工的自主性，实现员工的自我管理、自我规范，从而激发员工的工作积极性，自觉地完成本职工作，并主动追求最佳方法和最优效率，为企业创造最佳业绩。“无为”管理作为一种高境界的领导智慧，对于改善组织的管理状况，提升组织的管理水平，通过“无为”管理实现“无不为”的战略目标，同样具有重要的参鉴价值及实践意义。

第四篇

老子『德』的解读与管理 上

第三十八章

[原文]

上德不德，是以有德；下德不失德，是以无德。上德无为而无以为，下德为之而有以为。上仁为之而无以为，上义为之而有以为，上礼为之而莫之应，则攘（rǎng）臂而扔之。故失道而后德，失德而后仁，失仁而后义，失义而后礼。夫礼者，忠信之薄而乱之首。前识者，道之华而愚之始。是以大丈夫处其厚，不居其薄；处其实，不居其华。故去彼取此。

[解读]

上德是顺应自然的，没有想得到与不得。一个人不在乎外在是否表现出有德行，才是有“德”的。若一个人心心念念要表现自己有德行，就已经不是上德，而是“失道”了。“上德”之人无为不是为了让别人认为自己有德，而在于自己问心无愧，活得通透自然。“下德”之人则是有心作为去施“德”，是造作而有所求的。

做好事不留名，是在积累阴德福报，累积起来就是无量功德的上德，它是不彰显的；做了好事唯恐别人不知道则是积累阳德，阳德福报是有限的，有些时候甚至会引来灾祸。上德的人不违反自然规律做事，而且不故意为之，因此他们能够成就一切，无所不为。下德的人，以有为法行事，这种刻意的作为，反而无所作为、无所得。

上德和上仁的共同点是都出于无意，没有为了做而做。区分点在于，上德行动上是无为，上仁行动上有所作为，因此“上仁”属于下德。“上义”也是属于下德，因为有所作为，而且是出于有意，不是自然而然发生的。礼也是有所为，是为了束缚人的行为，具有强迫性，最有悖于自然，甚至伸开胳膊硬拽人服从，一旦得不到回报就生气甩开。因而老子认为过度注重外表礼节的刻意行为是不可取的。

老子认为，一个人失去了“道”，然后才讲“德”的方法。失去了“德”的方法，而后讲“仁”的方法，劝人多行善。失去了“仁”，才讲“义”的方法，劝人不要行不义。失去了“义”，最后才讲“礼”，强迫人起码要遵循规则。礼，是最不靠谱、没有信用的。当人们需要用“礼”客客气气行事的时候，虚伪也就随之产生，混乱也就接踵而至。

“前识”就是先见之明，很多人认为是算命等对未来的预测。老子认为有道的人不需要知道吉凶祸福。所谓的超前预测、先知都是取巧，是“道”的虚华，这种华而不实的聪明实际最愚昧了。所以大丈夫应该坚守敦厚之道，存心朴实，舍去礼的虚华。

[管理视野]

“德”有一个层次关系。在企业管理中，上德是指完全符合道德精神的，是无为的，无为而无不为，领导者靠以身作则来感召人。下德是指刻意模仿出来的，外表看起来有德，例如很多企业都强调企业文化，把企业理念通过文字表达，虽然不一定和实际的文化相符，但旨在对员工产生教化作用。如果德不能维系权威了，就要靠管理者的仁爱之心来维系企业，即形成一种互相配合、互相关爱的工作氛围。仁爱之心也失去了作用，就要靠义气，义气往往是针对小团体的而不是针对全体的，例如对某一领导效忠，这就容易造成拉帮结派的状态，企业内斗往往源于此。如果连义气都没有了，那就只能立规矩，靠严格的规章制度、纪律来约束，这种约束只能产生一时的作用，实际上大家已经离心离德了。

懂得“无为而治”的企业领导，往往具有与生俱来的人格影响力，自然而然产生权威。他不仅要实现企业利益最大化，还要让所有员工都回归到人的本性上去，真心感到快乐，自由发挥自己的聪明才智，为企业创造价值的同时实现自己的人生价值。管理者的人格影响力只能从自身修养中得来。管理者的修养，是管理者留给企业成员或社会的整体印象，是通过管理者的思想和行为表现出来的一种综合特质。一个优秀的管理者必定有着他独特且鲜明的个人形象、修养，为所有员工信服。管理者要向员工展现自己的良好修养，并带动他们也形成这种修养。企业间的竞争归根结底是要靠人来实现的，当一个拥有良好个人修养的领导带领着一队同样拥有良好修养的员工时，企业的竞争力必然会无比强大，并在竞争中占据着巨大的优势。

第三十九章

[原文]

昔之得一者，天得一以清，地得一以宁，神得一以灵，谷得一以盈，万物得一以生，侯王得一以为天一贞。其致之。天无以清将恐裂，地无以宁将恐发；神无以灵将恐歇，欲无以盈将恐竭，万物无以生将恐灭，侯王无以贵高将恐蹶。故贵以贱为本，高以下为基。是以侯王自谓孤寡不谷。此非以贱为本邪（yé）？非乎？故致数（shuò）舆无舆。不欲琭（lù）琭如玉、珞（luò）珞如石。

[解读]

老子用“一”来代表道，说“得一”就是得道。本章举了六个例子论述世间一切都因道而生，比如“天”“地”“神”“谷”“万物”“侯王”；如果失去道，一切都将灭绝。连最尊贵的侯王都应该遵循自然之道，并且必须以低贱为本，注重谦德。

古代得了道的人境界是怎样的呢？天得到道就清明了，地得到道而宁静安详，神（人）得到道就能感通，山谷得到道就能水分充盈，万物得到道则生机勃勃，侯王得了道就能成为天下的首领。这里说的神，是人的神奇灵通，它是没有时空限制的。这六个例子都是说世间万有都不应该离开根本：根本就是一，一就是道。

接下来说失去道会怎么样：天不清明了，恐怕会崩裂；地不得安宁，就会断裂；人失去灵性，恐怕要衰亡；山谷没有流水，则会干涸；万物不生长了，则会死灭；侯王失去首领的地位，就会倾覆。

所以贵贱是相关的：高高在上的人都要有群众基础，有了坚实地基才有高楼。历代厉害的侯王把自己称为孤家寡人、不谷。人要明白大富大贵都是以卑贱为根本的，因此真正高贵的人要懂得谦虚、居后不争。

最好的东西都是无法形容的。至高无上的荣誉，无须夸耀。所以我们真正需要修炼的是内在。不需要像玉石那样璀璨让人瞩目，而宁愿坚如山石。

[管理视野]

富贵是与贫贱相对而言的，位置的高是相对于位置的低来说的。企业要想做到持续发展、永葆常青，管理者就要保持低调谦卑、无欲无求的心态。如果总想获得荣誉和利益、争强好胜，反而容易受到损失，像玉石一样，虽然外表精致，但是却易碎。相反，稳扎稳打、低调谦逊的管理心态，才能帮助企业永葆青春，坚如磐石。

第四十章

[原文]

反者，道之动；弱者，道之用。天下万物生于有，有生于无。

[解读]

本章是《道德经》中最言简意赅的一章，讲述了“道”的变化法则和微妙作用。老子喜欢讲一正一反的阴阳动力，而且强调人应该常取柔弱似水的立场行事。

“反者，道之动”，“反”有几层意思：

（1）循环往复的变化、规律，是道的变化、规律。不行道就没有改变，因此运动才能有变化，产生新的生机。动起来是道生生不息的主要原因，变化也是自然而然发生的。现象虽万变，道的本体不变。万事万物无论怎么变，终归再次返回原点。

（2）物极必反，由正面到反面。有好的事情发生，就应该准备后面有不详的事端；坏事倒霉够了，也会否极泰来。这些都是“道”的能量。

（3）老子认为事物是相反相成的，两个对立事物既互相排斥又互相促进，阴阳互补是“道”的核心动力。因此，“弱者”“强者”是阴阳，男女是阴阳。有了阴阳，才有道的作用。

“弱者，道之用。”老子的《道德经》是“贵柔弱”，立场非常鲜明。一个人想要有所成就，就要像水一样善利万物而不争、谦虚柔弱；想要发挥无尽的作用，就要做到不争、不贪、不强势欺压他人。柔弱为什么能胜刚强？一个人如果始终刚强僵硬，就很难有所改变；当一个人是柔弱的，就可以改变，发挥出无穷无尽的能量。在极致柔弱和安静的状态下，一切都是最接近“道”的。

“天下万物生于有，有生于无。”天下万物是从有形中诞生，这些有形又从哪里来的？此处的“无”，不是真的没有，是指寂静的道，一个妙有的真空。道生万物，就是说一切都是从这个真空妙有中生化而来。道没有万物的特性，它存在一切时空之中。人有人性，动物有动物性；没有本性的道，能生化出一切有形。

[管理视野]

“有中生无，无中生有”的“有无观”是企业创新的依据。无论是无形资产的创造与增值，还是细分市场、开发新产品，都是一种创新。创新者就是要尽力去寻找“无”，开发“无”。在知识经济大潮之中，现代企业的管理者要利用好这种“无”的资产，运营好“无”的市场。从“无”中开发出源源不断的“有”来。成功的管理者常常是那些能够从“无”中看出“有”、能使企业不断更新、保持生机的人。成功离不开管理者的独特慧眼，例如微软的比尔·盖茨、苹果的乔布斯。他们除了有极高的智商外，还眼光敏锐、头脑机灵，善于观察分析商业中的资讯，然后加以利用。

管理者也应该具备逆向思维能力，逆向思维要求人们看问题不只是从一个角度、一个方向出发，而要从不同的角度探讨事物存在和发展的多种可能性。作为管理者，运用逆向思维，能改变企业的行为方式和管理模式，对于提高管理效能大有裨益。逆向思维方式绝非简单的“倒行逆施”，而是一种以退求进、变负为正的高明决策艺术。它的高明之处就在于并不局限在一条直线上作逆向选择，而是在多层次、多视角下进行反观，因而这也对管理者提出更高的实践要求。逆向思维的决策艺术要求管理者决策时，具备锐利的目光、敏捷的思维，既能看到机遇，也能察觉到危机，对事物进行逆向的创造性思考，从现实趋势中开拓出崭新的思路。

第四十一章

[原文]

上士闻道，勤而行之；中士闻道，若存若亡；下士闻道，大笑之，不笑不足以为道。故建言有之：明道若昧，进道若退，夷道若颣（lèi）。上德若谷，大白若辱，广德若不足，建德若偷，质真若渝（yú）。大方无隅（yú），大器晚成，大音希声，大象无形。道隐无名，夫唯道善贷且成。

[解读]

上士的人听见“道”，会马上亲身实践；中士的人听见“道”，会将信将疑逐渐淡忘；下士的人听见“道”，会哈哈大笑。正是因为下士的大笑，才显出道的高深，所以古人提出：光明的道路好像暗昧，前进的道路好像后退，平坦的道路好像坎坷曲折。

上德的人虚怀若谷，持白守黑，广德不盈，不立不施，不矜其真。世界上最大的方正是没有边角，最珍贵的容器需要长时间才能完成，最大的声音是听不见的，最大的形象没有形状可言，大道隐微而无名。唯有“道”善于生化万物，并成全万物。

这一章列举了一系列构成矛盾的事物双方，表明现象与本质的矛盾统一关系，它们彼此相异，互相对立，又互相依存，彼此具有统一性。从矛盾的观点，说明相反相成是事物发展变化的规律。

[管理视野]

在企业经营中，把握经济规律和管理方法并不是一件容易的事情。最高明的管理者只要发现有规律、方法，就会学习并不断地加以应用；中等的管理者听到规律、方法，一般是将信将疑把它当成可有可无的、与自己关系不大的东西；末等的管理者听到规律、方法，往往会觉得简单无趣而开口大笑，所以对于这类管理者来说无所谓规律可言。好的规律、方法如“明道”“进道”“夷道”，在一些人眼中似乎是不清晰的、后退的、有欠缺的，而且通常表现出质真若愚、大器晚成、大音希声、大象无形的特点。只有通过正确分辨并不断地学习、实践、应用，管理者才能够做到顺应“道”，让企业获得更大的利益。

第四十二章

[原文]

道生一，一生二，二生三，三生万物。万物负阴而抱阳，冲气以为和。人之所恶（wù），唯孤寡不谷，而王公以为称。故物，或损之而益，或益之而损。人之所教（jiào），我亦教之。强梁者不得其死，吾将以为教父。

[解读]

大家对《道德经》的很多经典的句子，如“三生万物”都是耳熟能详的，却不一定深解其意。这一章既讲了“道”，也讲了“德”，可以说是老子思想中的宇宙观。本章共探讨了三个方面的内容：（1）万物是怎么生的？这有三个过程：“道生一”，“一”为母体；“一生二”，“二”为阴阳；“二生三”，“三”为阴阳和合。“三生万物”就是阴阳和合而生万物。万物互相之间和谐的阴阳二气，相互交合激荡，而产生新的和谐的共同体。（2）人所厌恶的是孤、寡、不谷，而君王却以这些名词来称呼自己。这是为什么？老子说了，尊贵以卑贱作为根本，高高在上是以低下作为基础，所以一个人官职大了，也应保持谦卑，注重谦德。（3）老子谦虚地说，他教的道理都是人们在教的“人道”：“强暴者都没有好结果。”老子常常用这点去警惕自己和引导人们。

“道生一，一生二，二生三，三生万物”，万事万物生成的路径：“道生一”，“一”就是“道”，“道”就是“一”，“一”不自生故为“道”。宇宙从“无”到“有”的过程就是“一生二”。“二”为阴阳，就像我们人类男为阳、女为阴。“二生三”，阴阳和合，和气相交，能量均衡之处就能孕育生命，即“三生万物”。如此这般，天地宇宙诞生了。

“万物负阴而抱阳，冲气以为和”，老子认为，天地间的万物都有阴阳二气。所有的一切万物都背阴面向阳。阴阳两气如何达到平衡？老子提出的“冲气”是融通天地的能量元气。一切阴阳二气相互交合和激荡而产生新的和谐的共同体，转换能量。

“人之所恶，唯孤寡不谷，而王公以为称”。人们最讨厌的是什么呢？失去威信、德行不够。“孤”“寡”都意为“在道德方面做得不足”：“不谷”就是不善，没有人愿意做不善的人，因为人都讨厌不善的人，不与之交往。但是君王和大臣偏偏以“孤”“寡”“不谷”来称呼自己。这有很多种原因。其中一种解释是君王和大臣表示自谦。君王臣子使天下万民幸福，反而称自己没做好、德行不够，称自己不善。

“故物，或损之而益，或益之而损”，人的修身之道同理。“损之而益”是说，一个事物被减损了，反而会得到增加，“益之而损”是说看似增益了一件事物，反而让它减损了。最本源的生命原动力不是我们能够执取或者强加的。我们还是以谦虚做例子，谦虚自损反而受到增益，能够得到进步。当一个人骄傲自满，损失耗费的事情就会接踵而来，也是我们常说的“满招损”。因此，中华美德非常注重谦虚的美德。万事万物皆是满招损、谦受益。

谦虚使人进步，骄傲使人落后。

“人之所教，我亦教之。强梁者不得其死，吾将以为教父”，人之所教，即人们所教化的方法，老子也以人们所教化的方法去为天下立道的。人们是怎么教的？“强梁”的反面是“柔弱”。“强梁”就是强暴。“强梁者不得其死”就是说强暴的人反而衰亡，都没有好结果，所以说人不要刚取，不要去占用别人的财物，不去压榨别人，不欺负别人，不去咒骂、攻击别人，尤其是对善良的人，更不可以这样做，否则都是强暴者，都是没有好下场的。老子用这句话作广泛的教育，教化民众，甚至作为教化的宗旨。

[管理视野]

一个企业初创时，往往从一个创意或者一个市场机会开始，当对这个企业能否成功进行可行性评估时，往往会考虑有利因素和不利因素，经过判断准备设立企业时，各种机会和挑战就会汇集，人、财、物、信息逐步丰富起来，其兴也勃焉。同样，一个企业走向衰亡，也往往是由一个小事件开始，如果管理者及时警觉加以修正，或许可以转危为机，但大多数情况下这种小问题会被忽略，在某个时间段，问题和矛盾会迅速累积，其亡也忽焉。

阴、阳在中国古代哲学代表着两种相互对立的属性，代表着事物矛盾体内相互对立的两个方面。阴、阳之间相互激荡而形成一种相互和谐的关系，就代表着世间的各种矛盾和对立通过相互作用、相互转化可以达到和谐共处的关系。一个和谐的企业往往同时兼具天时、地利、人和。其中最重要的“人和”就是指拥有良好的工作氛围。而将自己的企业建设成一个和睦的“大家庭”，也是很多企业家孜孜不倦的追求。这就需要管理者做一个优秀的领头人，通过自身的智慧与魅力，使员工一起和谐共处，让他们获得一种家庭的归属感，进而最大限度地激发员工发挥自己的才智，为组织内部营造一个全新的局面。

在这个大家庭中，管理者与员工之间的“和亲一致”是企业发展的内在动力。需要管理者认可和尊重员工的个人价值：一方面，不过分强调职位层级，而是让员工认真谦虚地做好本职工作；另一方面，也不在物质和精神上压榨员工，保障每个员工的个人权益，同时挖掘员工的兴趣和特长，给他们提供更多成长、发展的空间。

第四十三章

［原文］

天下之至柔，驰骋天下之至坚，无有入无间，吾是以知无为之有益。不言之教，无为之益，天下希及之。

［解读］

本章的“无为”概念比较重要。“无”和“道”一样，都有很丰富的内涵，包括了物质性、空间性和规律性。能够学习、明白老子说的“无为”，对人生事业的发展会有莫大的好处。老子在这个章节强调柔的东西、无形的力量、无为的模式、不言的教化。这几点是东方文化哲学中非常重要的概念。

老子最爱说“以柔克刚”。他认为水是普天之下最柔弱的东西，能够穿透天下最坚硬无比的东西。“天下莫柔弱于水”，因此当我们说起柔弱，就常会和“水”的特性联系在一起。我们常用滴水穿石，来说明水虽至柔，实质至刚。

“无有”是空空一性的虚无，例如风和气；“无间”是没有空隙的实物，因此我们可以理解为无形的力量可以穿透一切，乃至世界上所有看似没有任何缝隙的物质之中。无形的力量是一种没有障碍的力量，因此它可以成就一切事业，利于万物发展。这是老子分享他发现的“无为”的力量。

根据“至柔穿透至刚”和“从无形的力量穿越一切有形”这两点，老子发现“无为”的真妙之处。那么老子是怎么去分享他的智慧呢？“行不言之教”是说人们不用去教化甚至教导别人，而是用心去感同身受，以心相通。这种看似无形之行就是不言之教。行了不言的教化，以身作为表率，以心进行感通就能明白人们心里的需求，以结果为导向，使大家获得益处就是“无为之益”。老子认为“无为”的行事方式就可以说是天下最高级的行事方式。无为的力量就是道的力量、德的力量，它是尊重万事万物内在的自然法则，因此有利于天下的万事万物以及天下百姓的生存和发展。

[管理视野]

风和水，是天下最柔软的东西，但它们往往又是驰骋于天下最强的东西。我们看到水滴石穿，我们看到风化山体。每一样至柔的物质要达到能攻克坚硬、刚强物质的程度，无不是汇聚了强大的能量。同时，至柔的物质从没有坚强特性的柔软到无坚不摧的刚强，也离不开时间和数量上的积聚。因此，对于管理者来说，对员工长期的春风化雨般的引领与关怀，往往会有意想不到的效果，可激发员工工作的积极性，使公司良性发展。如果领导者违背规律，单凭长官意志做事，反而将公司搞垮。所以高明的管理者明白不言之教和无为而治的好处。

第四十四章

[原文]

名与身孰亲？身与货孰多？得与亡孰病？是故甚爱必大费，多藏必厚亡。知足不辱，知止不殆，可以长久。

[解读]

人生的经历是丰富多彩的，我们每个人可能都在不同程度上经历过追求名利财富的阶段，常常需要掂量身家和性命、权衡得与失之间的关系。

本章开篇老子就问了三个问题：名利和生命相比，哪个更为亲切？生命与财富相比，哪个更为贵重？获得和丢失相比，哪个更为有害？其实答案很清楚。名利有它自身的规律，不是一个人费尽心机就能得到的。任何事情都是过犹不及，失衡了反而会伤害到自己。

过分地去求取功名利禄，势必付出巨大的代价；过分地收敛钱财，势必造成惨重的损失。名利当头，如果一个人没有办法保持冷静清醒的状态，必然有惨重的后果。过分贪求利益的人，常在做事的时候计算自己的得失，时间长了，不免犯下错误，钱财反而很难守住，因为他不明白长远的共赢关系。

如果一个人能够知道满足，就不会让自己走入绝境，可以不受屈辱。知道适可而止的人，可以没有灾祸，才能守住财富。懂得照着这个原则做，就能够保持长久的安泰、长久的平安。

[管理视野]

尊重规律、适可而止是一件很不容易的事情，贪婪与恐惧可以说是人与生俱来的品性。在投资领域，能够长期赢利的投资高手往往在别人贪婪时恐惧，在别人恐惧时抓住机会，在亏损加大时懂得止损，在赢利颇丰时懂得止赢。对企业经营而言，管理者要学会满足当下，切忌过分追求名利和金钱，懂得适可而止、及时止损。这样就能大概率避免企业受到严重损失。即使遭遇失败，心里也不会有失落感，不会感到委屈，能保持愉悦、平和的心情。

第四十五章

[原文]

大成若缺，其用不弊，大盈若冲，其用不穷。大直若屈，大巧若拙，大辩若讷。躁胜寒，静胜热，清静为天下正。

[解读]

本章的内容有五个“大”。真正的“大”都符合自然之道，看起来都很平凡，甚至有缺陷。

“大成若缺，其用不弊”：最完美的事物看似有些残缺，但是它的作用却是永远不会衰竭的。真正成为大器，其实都留有“缺口”去纳入新的资源、吸收新的知识，因此我们不需要去苛求完美，而是应该带着开放的态度去更新知识储备，留有完善自我的空间。

“大盈若冲，其用不穷”：最充盈的东西，反而看似空虚，永远都装不满，但是它的作用却是永远都不会穷尽的。一个人有了成就，反而需要保持谦虚的态度，这样才能成就自己更深层次的价值。

“大直若屈，大巧若拙，大辩若讷”：最方直的东西看似弯曲，正如最正直的人反而像屈身折节；最智慧的人反而看似笨拙；最具有卓越辩才的人，反而好像不善于讲话。这些都指有真才实学的人不露锋芒。

“躁胜寒，静胜热，清静为天下正”：人心烦气躁的时候就容易躁动，躁动停止后才能战胜寒冷，心静可以战胜酷热。可是，有那么多的事情需要去想、去做，为什么老子却说清静无为可以统治天下？实际上，老子是让我们内心清静，以无为之法治理一切事务，维护好他们本来的运作。老子说“人能常清静，天地悉皆归”。当我们去看清事物的未来发展方向时，需要心静才能知道万物的变化、洞察万物的终极结果，从而把握住未来的机会。

［管理视野］

企业经营者不能去等待极限的、最好的结果的到来。因为对于已经很成功的产品，人们也还会认为尚有欠缺，即便完全不影响使用；对于已经有盈余的设计方案，人们还会觉得仍可以补充加入一些内容，即便它已经能够实施。在员工中，锋芒毕露的人不一定表里如一；而有真才实学的人往往不爱表现，甚至看起来呆板木讷。管理者要懂得选贤任能。另外，平静地对待各项工作要比浮躁、躁动的处理方式好，冷静的处理方式要比热闹、大张旗鼓地处理方式好，清静地对待、处理每一件事物、每项成绩，是正确的选择。

第四十六章

[原文]

天下有道，却走马以粪；天下无道，戎马生于郊。祸莫大于不知足，咎莫大于欲得，故知足之足，常足矣。

[解读]

社会能够得到安定的根本在于人们知足常乐，不去追逐无止境的欲望目标。

治理天下如果合于道，天下太平，没有战争，战马就会被放回到田地、田野之中，农夫牵引着马进行耕作，马粪又化为一种肥料使庄稼获得丰收，人们就能过上衣食无忧的生活。

治理天下如果不合于道，荒郊野外，两军对垒，连怀胎的母马都会被征用到战场上去，而后在荒郊野外产下小马驹，人们就这样在战乱之中度日。

一种是天下有道，一种是天下无道，可以看出是两种治理天下的境界。

最大的灾祸就在于人们不知道满足，最大的过失就在于人们贪得无厌。人若是不知足，心灵也得不到安宁。知道满足的人可以得到永久性的满足。

[管理视野]

管理企业也和治理天下一样，如果合于道，则知足知止，无求于外，完善内部管理机制，企业会不断向好、向上发展；如果不合于道，则贪得无厌，向外索求，而内部混乱。长此以往，企业也终究会破产倒闭。因此，企业管理要让大家各安其分，不争而自治。管理者和员工们知道满足、知道感恩，则不会想去过多地争取利益占有物质，甚至去获取别人的利益。这样分歧就自然解决了，也不会产生内部争端。

第四十七章

[原文]

不出户，知天下；不窥牖（yǒu），见天道。其出弥远，其知弥少。是以圣人不行而知，不见而名，不为而成。

[解读]

本章讲圣人为什么能够推知天下事理，而俗人、凡人为什么不能做到这样。因为得道的圣人已经做到内不为身心所乱，外不为山河所障；凡夫、凡人由于贪婪之心、执着之心反而对事物本质看不清，这两心未除，则身心皆乱，只见山河之表象，而不见其本质。

老子说不用走出门户，也能够推演预测天下未来的变化，也能够知道天下的事情，不从窗户向外边望，就能够知道日月星辰及大自然的运行规律："是以圣人不行而知，不见而明，不为而成。”人们常常认为走得越远，知道的东西越多。但老子认为，一个人走得越远，心思用得越多，反而对社会的真正认知会越少，知道的东西越少。所以，有道的圣人做到了三“不”：不用走出太远，就能推知天下事理；不用向外窥望，就能了解大自然的法则；不妄加施为，用无为的方法就能成就万事。

[管理视野]

老子的表述乍一看都是违规常理的，比如足不出户怎么能够知天下事呢？不通过窗户怎么去观测日月星辰呢？在这里，老子实际上强调的是内观法。对一个事物的认知和探究不能仅通过向外界简单的观察，因为很多情况下眼见未必为实，反而会扰乱人的正常的思维。相反，应依靠内在的自省、观察和思考，达到平静虚空的状态，进而去观照外物，掌握世界万物运行的规律。

在日常的管理中，我们也要有这样的理念，知与行要合一。要有踏实的、实干的作风，也需要有独立的思考和判断，时常保持内心淡定与清静。

第四十八章

[原文]

为学日益，为道日损。损之又损，以至于无为，无为而无不为。取天下常以无事，及其有事，不足以取天下。

[解读]

这一章讲了两组概念：“为学”和“为道”，“有为”和“无为”。

“为学日益，为道日损”，现代人都很喜欢追求知识，越学，知道的就越多。人们常认为知识积累多的人是有本事的人，但知道的越多，有时也会被知识牵累。求道的人常常追求简单、化繁为简，追求更多的悟道体验，欲念一天比一天减少，内心逐渐达到清静、空虚的状态。

我们把学来的东西不断进行筛选剔除，减少了再减少，直到最后达到“无为”的境地，不再妄为。当一个人没有妄为，反而能够成就世间的万种事业。

“无为”是顺应自然，一种很高的境界，不同于不作为、不做事。老子不是反对别人学习，但是强调不能损害“为道”，强调做事的时候需要去看是不是有利于长期的自然发展。“无为”和“无不为”都是能够从心所欲，自由自在，没有什么不可以做，也没有什么对错。

“取天下常以无事，及其有事，不足以取天下”是说，要得天下，就要像没有做什么。治理天下的人需要以不扰民为治国之本，需要做到无为而治。如果加重民众的苛捐杂税、加重刑法、加重对世间的各种管理，天下就很难治理得好。

[管理视野]

一个人在学知识的时候需要不停地做加法，但是当他要追求大道，探究事物本质的规律时，实际上需要做减法。在物理学领域，知名的物理公式都是非常简洁的，比如爱因斯坦的质能转换公式。学习是一个积累的过程，而遵循自然之道是一个扬弃的过程。

做学问有莫大的好处，常常被人利用去走捷径。如果用知识去赚不合理的钱就是不合道的。而遵循自然之道，则如婴儿一样淳朴、纯真，达到“无为”的境地。管理企业也和治理天下一样，也需要无为而治。否则，经常压榨员工，用严格的规章制度、条条框框去加以约束，员工的灵感和创造力都会受到限制，企业也很难向前发展和推进。

第四十九章

[原文]

圣人无常心，以百姓心为心。善者，吾善之；不善者，吾亦善之，德善。信者，吾信之；不信者，吾亦信之，德信。圣人在天下，歙（xī）歙焉，为天下浑其心。百姓皆注其耳目，圣人皆孩之。

[解读]

老子理想中得道的圣人没有私心，无所厚薄，以民心为己心。无论人善良也好、不善良也好，都一视同仁，善待他们，所以能引领更多的人向善；可信任也好、不可信任也罢，也一视同仁，相信他们，所以人们也学会守信。

“圣人无常心”中的“无心”指有道的人常常没有

私心、没有成见，能够接纳万事万物。此处体现的气魄与北宋大文豪范仲淹“先天下之忧而忧，后天下之乐而乐”的气势有异曲同工之妙。圣人引领的风范是守信、向善，不忘在日常的言行中教化影响老百姓，让他们不要用敲诈、圆滑、小聪明做事，而是用善良、淳朴对待彼此。

老百姓有善良的，也有不善良的。老子的治理格局和心胸在此处有很好的体现：圣人要一视同仁看待他们，不分贫富贵贱。他认为发自内心的、没有条件的善是真的善。也许善良和不善良的人的行为表现不一样，但是内心的需求是一样的，都希望被善待、被关心。对于善良的人，圣人以善良的心对待；对于不善良的人，圣人同样也以善良对待。通过这样的态度和行为引发老百姓更加自觉向善。

同样，那些没有信用的人通过观察圣人诚信的行为举止，渐渐也学会诚实守信。

有道的圣人治理天下，时时刻刻都小心翼翼，收敛自己的欲望偏见，与民同心，也能使老百姓的心思归于真诚、质朴。圣人格外注意自己的言行举止，因为他知道老百姓的心思眼耳都时刻在关注着他。因此，圣人治理国家，首先自己做到像小孩一样天真、淳朴，那么老百姓的心思都能回归天真、浑厚、淳朴的状态。

[管理视野]

孔子学派尊崇的“以其人之道，还治其人之身”的理念对于中层次干部、中间执行人是很好的处事方式指导；而老子“以百姓心为心”的哲学理念更加适合最高管理者，强调无区别心、一视同仁地对待所有人。

管理者在打造公司品牌时，需要做到老子提到的两个关键点：一个是“真诚以待”，一个是“谨小慎微”。真诚以待，以消费者的心为心。只有站在所有消费者的角度去考虑问题，我们提供的品牌才能获得消费者的认同，才能具有生命力。真诚以待，就是不论他人是善意的或者不是善意的，不论他人是信任我们的，还是对我们抱有偏见，都要友善地对待，用业绩和口碑去征服他们。谨小慎微，就是对于自己的产品质量要严加把握、小心翼翼，不为一己私欲而弄虚造假，维护好自己的品牌形象。长此以往，品牌就会深入人心，为大众所喜爱，也会影响其他企业纷纷效仿，对营造诚信守法的市场环境作出贡献。

第五十章

［原文］

出生入死。生之徒十有三，死之徒十有三。人之生动之死地，亦十有三。夫何故？以其生生之厚。盖闻善摄生者，陆行不遇兕（sì）虎，入军不被（pī）甲兵。兕无所投其角，虎无所措其爪，兵无所容其刃。夫何故？以其无死地。

［解读］

老子把人分成三种：属于长寿的人有十分之三；属于短命而亡的人有十分之三；本来可以活得长久些，却自己走向死亡之路的人，也占十分之三。为什么会这样呢？因为奉养太过度了。俗话说，话不可说尽，福不可享尽，如果贪欲太多、一味享乐，则容易减短寿命、暴毙而亡。

据说，善于养护自己生命的人，在陆地上行走，不会遇到凶恶的犀牛和猛虎，在战争中也受不到武器的伤害。犀牛于其身无处投角，老虎对其身无处伸爪，武器对其身无处刺击锋刃。为什么会这样呢？因为他没有进入死亡的领域。一个人只要戒除贪念、对死没有恐惧、谢绝声色名利，就不会把自己置于死地。

老子认为，人活在世，应善于避害，不骄奢淫逸则可以保全生命长寿，要以清静无为的态度远离死地。

[管理视野]

老子当时身处正好是群雄争霸的春秋时期，他看到了人生的危机四伏，普通人的生命随时随地可能受到威胁，他主张戒除贪念、谢绝声色名利，依大道而为就是最好的保养，要求人们不要靠着争夺来保养自己，而要以清静无为的态度远离死地。

放在当今的视角，一方面对管理者或者被管理者个人提升修养具有借鉴作用，另一方面对企业管理也具有现实意义。企业管理者在事业顺利时不要锦衣玉食、纵欲奢靡；企业在具备竞争优势时，也不要满足于现有的技术和地位，奢侈无度，也就是所谓“奉养过度”，而要居安思危、不断迭代。

第五十一章

［原文］

道生之，德畜（xù）之，物形之，势成之。是以万物莫不尊道而贵德。道之尊，德之贵，夫莫之命而常自然。故道生之，德畜之：长之、育之、亭之、毒之、养之、覆之。生而不有，为而不恃，长（zhǎng）而不宰，是谓玄德。

［解读］

老子的处世哲学中不讲事物的得失对错，而是推崇道法自然。他认为得道之人是懂得利他付出、不求回报的；懂“道德”的人会让所有事物在看似不经意中自然发生，让它们在各种形势历练中得到最大的生命绽放。

老子在这一章讲述了道德和万物的关系：道创生了万物，德蓄养了万物，因此万物尊道贵德。然而道德的尊贵地位不是讨来的，而是因为它们尊重万物的本性，从来不强加干涉世间种种。万物在道的呵护下生长发育、开花结果，使万物得到抚养和保护；而道却不去讨要功劳，更加不会把万物据为己有，这就体现了深远玄妙的“德”。

万事万物都尊崇和敬畏道、德，不是因为它们处在主宰者的地位，也不是道德的刻意安排，而是因为它们遵循和运用了自然的规律和法则。这种自然而然、生生不息的状态是道德的常态。

[管理视野]

做任何事业，首先要有道、在道上。比如事业有了成就，必须要有德行才能承载、守住大业。万事万物有不同的形态，同理事业也有不同的形态。我们想要创造伟大的事业，就要带着利他的心、懂得无私给予而且不居功自傲。当我们想要主宰时就会居功，居功则会自傲，自傲则会生出无数私心，最终是没有办法完成伟大事业的。

遵守规律、掌握规律，应该做到不需要外界的压力和命令，而是成为一种自然的习惯。我们要让所有的产品有生命力，就要不断地哺育它们，使它们成长起来、成熟起来，经常使用它们，使它们得到全面的推广。当产品发展成熟时不要据为己有，即使产品是自己的功劳时也不要自恃有功，当产品有更好的成长空间时，更不能为了自己的面子加以限制。不加干预和控制、任其自然发挥，就是在践行幽冥奥妙的“道”与“德”。

第五十二章

［原文］

天下有始，以为天下母。既得其母，以知其子；既知其子，复守其母，没（mò）身不殆。塞（sè）其兑，闭其门，终身不勤。开其兑，济其事，终身不救。见小曰明，守柔曰强。用其光，复归其明，无遗身殃；是为习常。

［解读］

如果找错方向，转而向形而下的外物及知识层面去求，将不会成功。

“天下有始”，即表示天下及万物是被创造的。“以为天下母”，前面省略了主语“道”。道是母，天下及万物皆为子。

母子关系是紧密而不可分的，那么道与万物的关系也是如此。如果能够得到道，就可以顺理成章明了天下万物。明了天下万物后要懂得向道回归，守住道这个根本，如此便可以在世上享平安。这两句提示我们，拨开纷乱的万物，凡事从道上着手。

求道的路径方法要用心去探索，一旦进入道中，人就会欲望变低而不外求，人生也会少了许多劳苦愁烦，多了不少喜乐满足。相反地，如果靠自己的感觉器官去向外在寻求，比如用眼看、耳听的有为方法，人将在劳苦愁烦里看不到尽头。

人如果能从细微处觉察事理中，在道面前谦卑顺服，这样的人看起来将是世俗标准里的细致、柔弱。但因为他们心中有道，重内轻外，重天轻世俗，实际却是天地间真正的聪慧、强大。

道在外称为光，要借助身外的道的辅助，让大道重新进入自己心里。道在人心，则称为明。如果能做到让外在的光进入心中产生内在的明，那么就不会给当前的肉体带来祸患。这就是我们应学习的道的原则。

[管理视野]

管理者无为而治，但也需要注意有细节思维，所谓细节思维是见常人之所未见，想常人之所未想，才能行常人之所未行之事，并不是要管理者事必躬亲。提升企业的竞争力和建立良好的企业文化，需要有持续管理的理念，而持续管理依赖的正是细节思维。

第五十三章

[原文]

使我介然有知，行于大道，唯施（yí）是畏。大道甚夷，而民好径。朝（cháo）甚除，田甚芜、仓甚虚。服文彩，带利剑，厌饮食，财货有馀，是谓盗夸。非道也哉！

[解读]

假使我对世界有了新的认识，行走在大道之上。唯独让我害怕和恐惧的是什么呢？是走上歧途。大道本身是非常平坦的。而人们偏好舍弃大道、走捷径小路。一旦走上歧途，朝政就会荒废，田地就会荒芜，仓库就会空虚，而为政者还穿着华丽的服饰，佩带着锋利的宝剑，山珍海味吃得过多了开始厌倦了，搜刮侵吞了大量财物。这样做就是强盗贼首。以上这些实在是不合乎天道。

[管理视野]

中国现在进入了繁荣富强的发展阶段。而当我们回看历朝历代时，就更能深切理解老子所说的“非道”。每个朝代的衰亡都逃不开朝政荒废、贪污腐败的问题。当田地产生荒芜，仓库国库用尽了，朝中之人还穿着华丽的衣服，吃着早已吃厌的美味佳肴，侵吞着人民的财物，这些不合乎天道的强盗行为也最终导致了朝代的更替。所以道是朴实无华，知足者常乐。如果企业中存在腐败现象，就要第一时间惩治贪腐。如果走错了道路，就要及时走回大道，这样，路才能越走越宽、越走越远，国家才能越来越富强，企业才能长期健康发展。如果国家财货有余，就要给人民谋福利。

“大企业病”是管理中司空见惯的现象，也是一个高层管理者时刻想要解决的问题。当工作要经过管理机关的层层审批，进展就会变得很慢很慢，当领导们满足于通过层层布置、层层汇报完成管理目标时，也会自然产生骄奢之情。这种做派就像古代帝王穿着华丽的衣服，佩带着锋利的宝剑，挑剔地选择食物，攫取着剩余的钱财，试图保持一种虚荣的尊敬。这势必会给公司带来灾祸，也不是符合经营规律的做法。

第五十四章

[原文]

善建者不拔，善抱者不脱，子孙以祭祀不辍。修之于身，其德乃真；修之于家，其德乃馀；修之于乡，其德乃长（zhǎng）；修之于国，其德乃丰；修之于天下，其德乃普。故以身观身，以家观家，以乡观乡，以国观国，以天下观天下。吾何以知天下然哉？以此。

[解读]

本章的重点谈论了“修德”的重要性，并且阐述了“观照”的修德方法。圣人治理天下，不以常道行事，而以自然之天道，以已推人，悟得和谐的长久发展的大道。若是天下有道，治理的方式一定与人们心里向往的相一致。

“善建者”“善抱者”是遵循自然规律、遵循大道法则的人。善于以道修身的人，通常有很深厚的根基，因此不会被轻易拔除。善于抱持道的精神之人，长存于世间而不脱离大道。如建高楼大厦，楼房建得越高，地基就要打得越深，这样大楼才不至于被风刮倒，这叫善于建树者，不会轻易倒下。而善于抱持的人，因为抱持得牢，有一股向心力量，所以不会让跟随的人脱离。如果我们的子子孙孙都能明白“根深德厚”这个道理，并且坚守这个大道的法则去修德，那么后世子孙就懂得祭祀和遵循祖先的大道精神，而使得家族兴旺长生。

一个人如果懂得按照大道的方法修德、修持自身，那他的德性就会淳朴而真实；如果用这个道理修持于一家，他的德性就使得家业兴旺发达，所有人都懂得各就其位对家作出贡献；如此这般，用这个道理修持于自己所在的家乡，他的德性就能够长长久久，乡亲们都懂得尊老爱幼；如果用这个道理广泛修持于一个国家，他的德性就会能够进一步放大，更加丰盛；如果用这个道理修持于天下，那么他的德性就能得到最广泛的传送。我们能够体悟这种生生不息的“德”，也就能感悟更多自然合一的生命美好。

“故以身观身，以家观家，以乡观乡，以国观国，以天下观天下。”这段话五次用“观”来讲修德，说明“观”的重要性。“观”是观照、觉察的意思。“以身观身”，就是说我们按照修己身的方法来觉知和了解他心。想要了解别人，首先要对自我有觉察；想要了解别人家的变化，就要明白自己家是怎么变化的；想要知道外面城市、其他省的变化，首先要明白自己这片土地是怎么变化的。同理，要想明白别的国家的变化，首先要懂得自己国家是如何变化发展的。我们以同样的方法来“观家”“观乡”“观国”，乃至“观天下”。老子是怎么知道天下的人心的？就是用这个先内“观”而后外“察”的方法来推知天下百姓的所思所想。

儒家说“修身，齐家，治国，平天下”。老子说“以身观身，以家观家，以乡观乡，以国观国，以天下观天下”。虽然表述不同，但都提倡修外界从修自身开始。

[管理视野]

善于培养道德的人，不会因外界影响而放弃道德修养。老子所讲的“道德”，是指依从于道的“德”，是一个人毕生的信念，而不仅仅是世俗道德。成功的管理者也是如此，用自身的修身之道来观察别身，以自家察看观照别家，以自乡察看观照别乡，以平天下之道察看观照天下。

作为企业灵魂人物，管理者必须要有信念，有信念就不会左顾右盼、瞻前顾后，他会把毕生的精力凝聚到一个目标上，从而爆发出惊人的能量。坚持信念的人，面对不确定的未来，有时候会“明知不可而为之”。这样才能使员工团结一心面对困境，走向成功。

企业经营是一场持久战，意志坚强的人决不会因为一次的失败而打乱计划。他们会在失败中总结经验、吸取教训，养精蓄锐、从头再来。他们是有决心的人，不会在乎暂时的得失、输赢。他们很清楚自己要什么，不会受到环境的干扰，不会被别人的语言所左右。他们会朝着自己的目标前进。

第五十五章

[原文]

含德之厚，比于赤子。蜂虿（chài）虺（huǐ）蛇不螫（shì），猛兽不据，攫（jué）鸟不搏。骨弱筋柔而握固。未知牝（pìn）牡之合而全作，精之至也。终日号而不嗄（shà），和之至也。知和曰常，知常曰明，益生曰祥，心使气曰强。物壮则老，谓之不道，不道早已。

[解读]

这一章主要是讲厚德。老子把厚德的人比作赤子（婴儿），认为有厚德的人是合于道的，他们有婴儿般的纯真品性：无知无欲、朴实自然、生命力旺盛、和气盈满。不合于道、德薄之人，都会过早地衰败和消亡。

老子用赤子做例，说道德醇厚高尚的人，就像刚生下来的婴儿，生命力非常旺盛。新诞生的婴儿，内在都是柔弱虚静的，没有贪心。有厚德的人也一样，和大自然的一切都是都相合的。他的心里没有危险好恶的念头，也就不会散发出对抗的气氛。因此毒虫不毒他，猛兽不咬他，凶恶的大鸟也不搏击他。

有厚德的人能达到婴儿般的状态：他们的骨头是脆弱的，筋是柔软的，但是他的手握起来却是非常牢固的。“未知牝牡之合而朘作”，意思是说婴儿不知道，也不了解男女之间的交合之事，但是婴儿的精气却非常盈满，终日嚎哭，嗓子却不见沙哑。这是什么原因呢？这是因为“和之至也”，婴儿的和气非常醇厚，所以我们看见，有些得道、有德的人，天天工作也不见他们很累的样子，话说多了嗓子也不见沙哑，其实就是精气神充足，内在的气息和谐。

《道德经》数次提及“常”，就是不变的常理。“常”的意思是“和”“静”“复命”，“知和曰常”指一个有厚德的人能悟到阴阳二气之平和会带来宁静。“知常曰明”，知道“常”的人就能够明了万事万物的规律。

反之，不按照生命的自然规律去行事，贪生、纵欲的都是反道而行的人。这样的人最后得到不好的结果，因为他们的身体过早地消耗了，逞刚强，过早地耗散精气，就会过早地衰老，甚至短寿。所以万事万物到了最高地的时候，如果不合于道，就会物极必反，走向衰亡。凡事到了壮的时候，都要思考，不合于道就要向衰退方面过渡了。

[管理视野]

在企业管理中总有诸多不如意的、受挫折的经历，我们所采取的方法不是自怨自艾、不是破罐子破摔，而应该是加强无知无欲的修炼，最后涅槃而重生。当我们通过修炼，让很多的规律、真理成为我们完全掌握的工具的时候，我们就将获得新生。这样的说教很容易理解，做起来也不难。可大多数人不这样理解，也不愿意这样去做。这是一种祥和的心态，只有这样，才能伸出如同婴儿般的双手握住理想和机会，只有这样，才能不断地积累、不断地努力。人的一生，如果都是这样的自我解救，都有这样忍受、忍让的境界，没有理由不能创造出新的成就！

第五十六章

[原文]

知（zhì）者不言，言者不知（zhì）。塞（sè）其兑，闭其门，挫其锐；解其分，和其光，同其尘，是谓玄同。故不可得而亲，不可得而疏；不可得而利，不可得而害；不可得而贵，不可得而贱，故为天下贵。

[解读]

这一章主要是说得道的一个高境界是“知者不言”，有智慧的人得了大道，而成为智者，不会乱说话，也不会多说话。“言者不知”，到处说长道短，到处乱说话，造成各种矛盾的人不是智者。

塞住能够产生欲望的孔窍，关闭能够产生欲望的门户。挫掉人们的锋锐，使其不露锋芒，消解他们的纷争，调和他们的光辉，混同他们的尘世，能够做到这一点，那就达到玄妙齐同，达到深奥的、平等的大境界。

得了这种境界的人，得了这种道的人，他是怎么样表现的呢？他已经解脱超越了亲疏、利害、贵贱，他必将受到天下人的尊重。

［管理视野］

聪明的智者是不多说话的，由此可以联想到，一个聪明的管理者也是不需要多说的，而大多数管理者可能做不到这一点。所谓管理，实际上应该是例外管理，比如说当出现异常情况，才需要我们去做管理。这一章第二次出现了和光同尘，意思是指不露锋芒、与世无争的处世态度。聪明的企业管理者并不是去压制员工，而是要用实际行动去示范，让大家的目标一致。如果企业管理者能做到超脱亲疏、利害、贵贱的世俗范围，也就为众人所尊重。

第五十七章

[原文]

以正治国，以奇用兵，以无事取天下。吾何以知其然哉？以此。天下多忌讳，而民弥贫；民多利器，国家滋昏；人多伎（jì）巧，奇物滋起；法令滋彰，盗贼多有。故圣人云，我无为而民自化，我好静而民自正，我无事而民自富，我无欲而民自朴。

[解读]

老子说，用清净无为的方法去治理国家；以奇巧和诡秘的办法去用兵，战略和战术要以奇谋助成；不扰乱和危害于民，才能取得天下。我是怎么样知道这些道理和办法的，就是根据于此：

天下如果忌讳的东西越多，老百姓越贫穷；百姓手中如果有过多锋利的武器，国家就会出现混乱和不安定的局面；老百姓有过多的技巧，那么各种歪风邪气就会增长；法律如果过严，盗贼反而越来越多。

所以古代得道的圣人说，能做到清静无为，老百姓就能够得到自然的化育；如果不干扰老百姓，不随便限制他们，那么他们就会丰衣足食、富贵起来；如果能做到少欲知足，老百姓就能自然淳朴。

［管理视野］

本章主要讲治理国家和用兵之道，以及如何能得天下的方法。从企业战略战术角度讲，出奇制胜才能赢。公司要正常运行，需要有公开、公平、公正的内部标准来治理团队、规范业务，而要在市场竞争中取胜，需要用奇兵，也就是要善于应对变化，善于拓展思路、鼓励创新。

另外，让下属高管、员工等都负责起来，就不要随便去干扰他们，去扰乱他们的心境。企业怎样才能发展？那就是以正治企，以奇来发展企业，以无事来得到企业的所有人员的认可，得到他们的心，这样才能够把企业管理好。如果我们规定和限制太多，这也不行，那也不行，人的能力和技术就会受限，公司也无法向前发展。

第五十八章

[原文]

其政闷闷，其民淳淳；其政察察，其民缺缺。祸兮福之所倚，福兮祸之所伏。孰知其极？其无正？正复为奇，善复为妖，人之迷，其日固久。是以圣人方而不割，廉而不刿（guì），直而不肆，光而不耀。

[解读]

政治清明，老百姓就淳朴忠诚；政治黑暗，老百姓就狡猾、抱怨。灾祸依托幸福，幸福中潜伏灾难，所以叫祸中有福，福中有祸。有谁能知道究竟是灾祸还是幸福呢？灾祸和幸福并没有确定的标准。

正的忽然之间就变为邪的，善的忽然之间就转成恶的了。人们的迷惑由来已久了。所以古代得道的圣人方正而不生硬，有棱角但不刺伤人，直率而不放肆，光明而不刺眼。

［管理视野］

老子在本章提到的“祸兮福之所倚；福兮祸之所伏”，与“塞翁失马，焉知非福”类似，指福中有祸，祸中有福，坏事不见得不会转化为好事，好事中也可能潜藏着坏事。这告诫人们，正邪、善恶、福祸不是一成不变的，任何事物都有两面性，在一定条件下也可能向着相反对立的方向转化。

因此，管理者要学会多角度地去看待工作和事务。遇到负面的需要修正的，要不灰心挫败，发现其中的正面的闪光点；面对较完善的成果，也要提早觉察其中隐藏的问题和隐患，及时整治和消除。

第五十九章

[原文]

治人事天莫若啬（sè）。夫唯啬，是谓早服。早服谓之重（chóng）积德，重积德则无不克，无不克则莫知其极，莫知其极，可以有国。有国之母，可以长久。是谓深根固柢（dǐ），长生久视之道。

[解读]

这一章主要是讲治理百姓和修身需要怎么做，那就是需要养性、养足精神和爱惜精气神。爱惜精力，事情才能够早做准备。早做准备，就是广积善德；只要不断地广积善德，就能够做到攻无不克；如果能做到攻无不克，那么他的力量就能变得无穷大，最后就可以担负起治理国家的重任。因为了解治理国家的根本原则，就能把国家治理得非常好。这样国基稳固，不易动摇，符合长久维持之道。

[管理视野]

这一章主要讲的是爱惜精神，没有什么比这更加重要的了，这是一种德的标准。

人的治理、管理活动，以及自然界所有事物的发展，都差不多有着与种植粮食作物一样的道理。要善于休养生息，不能耗尽民力。在个人修身养性方面，则要克制私欲，养护身心，留有余地。老子认为大到维持治理国家，小到维持生命的长久都离不开留有余地。

第五篇

老子『德』的解读与管理　下

第六十章

[原文]

治大国若烹小鲜。以道莅（lì）天下，其鬼不神。非其鬼不神，其神不伤人；非其神不伤人，圣人亦不伤人。夫两不相伤，故德交归焉。

[解读]

本章是说治理一个很大的国家，就像煎烹一条小鱼一样，不能时常搅动。如果以道治理天下，鬼神的作用就显现不出来了。鬼神的作用即使显现出来，也伤害不了人；不但鬼神不伤害人，圣人得道了也绝对不会伤害人，这样鬼神和得道的圣人都不伤人，天下的人们就都享受了德的恩惠。

[管理视野]

管理一个企业，也要运用烹饪小鱼一样的耐心和智慧，不能过多去搅动和干涉，要以简单制胜。一个卓有成效的管理者最重要的能力就是让管理过程化繁为简，去芜存菁，找到解决事情的最佳方案。优秀的企业都懂得摒弃复杂烦琐的东西，依靠最简单、平常的东西来解决问题。一个简单的问题，不能人为地把它复杂化；一个复杂的问题，更要将之简单化。简单化的信息传递得更快，简单化的组织运转更灵活，简单化的设计更易被市场接受。简单意味着有无限可能。经典的往往是简单的，简单的则他人更难以损伤和攻破。

第六十一章

[原文]

大国者下流。天下之交，天下之牝（pìn）。牝常以静胜牡，以静为下。故大国以下小国，则取小国；小国以下大国，则取大国。故或下以取，或下而取。大国不过欲兼畜（xù）人，小国不过欲入事人，夫两者各得其所欲，大者宜为下。

[解读]

大国，就像江河湖泊一样处在下游，江河湖泊的交汇之处就是这里。同时这个位置又是天下雌柔之位，雌性常常能够以清静守定，战胜雄性的刚强，以柔静、谦虚而卑微居下。

照此原理，大国对小国谦下和忍让，就可以得到小国的信任和依赖。如果小国对大国谦下和忍让，则可以取得大国的信任和保护。

大国做到谦下和忍让能得到小国的依附。小国做到谦下和忍让能得到大国的支持。但是作为大国，不要老想着去统治小国；作为小国也不要凡事都依托于大国、顺从于大国。大国小国要有相对的独立性。

大国跟小国都做到谦让，那就各得其所，都能得到好处。特别是大国，更应该做到谦下和忍让。

[管理视野]

老子推崇阴柔和慈柔这样一个状态，希望大国要像居于江河下游那样海纳百川，大国应该对小国牵强忍让，诸侯国之间应互相礼让，而不应互相争斗。放在经济领域，一家企业再大、管理能力再强，也不可能做到上下游通吃，要留给同行业的中小企业生存的空间，通过良性竞争做大市场、做好创新。

公司越处于优势，越是要谦卑。要主动营造一个竞争的氛围，使企业始终“居安思危”，及时注意发现消费者需求的改变和新技术带来的机遇和挑战。中国电信运营商的短信收益巨大，一夜之间却被微信这样的即时通信工具挤压冲击，再次证明了这个道理。

第六十二章

[原文]

道者万物之奥，善人之宝，不善人之所保。美言可以市，尊行可以加人。人之不善，何弃之有！故立天子，置三公，虽有拱璧以先驷马，不如坐进此道。古之所以贵此道者何？不曰以求得，有罪以免邪（yé）？故为天下贵。

[解读]

“道”是荫庇万物之所，善良的人珍惜它，不善的人也要保持它。美好的言辞可以换来别人对你的尊重，良好的品行可以见重于人。不善的人怎能舍弃它呢？所以在天子即位、设置三公的时候，虽然有拱璧在先、驷马在后的献礼仪式，还不如把这个“道”进献给他们。自古以来，人们把“道”看得这样宝贵，不正是由于求它庇护一定可以得到满足，犯了罪过也可得到它的宽恕吗？就因为这个，天下人才如此珍视“道”。

［管理视野］

道之所以成为天下万物的庇护的宝贝，是因为美好的言行、美好的言辞可以赢得他人对自己的尊重，影响到其他的人。不善良的人也不会弃之于道，因为用道才能保护自己。善良的人、不善良的人都不能离开道。善良的人用道来服务于众人，不善良的人用来得到庇护，由此凸显了道的珍贵。

道是天下万物背后的奥妙，是善良人和不善良人都需要珍视的。在公司治理中，管理者要善于运用道的原则和规律，把每一条规律都视同珍宝。这样，即便是不善于运用道之规律的人也会得到它的保护。

第六十三章

[原文]

为无为，事无事，味无味。大小多少，报怨以德。图难于其易，为大于其细。天下难事必作于易，天下大事必作于细，是以圣人终不为大，故能成其大。夫轻诺必寡信，多易必多难，是以圣人犹难之，故终无难矣。

[解读]

本章老子讲到，以无为的做法去有所作为，以不扰乱的方式去做事，以恬淡无味的态度去品味。大源于小，多源于少，怨源于德。做难事要从容易的地方入手，做大事要从细微的地方入手。天下的难事，都是从简易的地方做起；天下的大事，都是从细微的部分开端。圣人不去做难事、做大事，所以才能做成大事、难事。那些轻易许下诺言的人，肯定很少能够兑现，把事情看得太容易，必定会遭受很多困难。有道的圣人总是提前考虑到困难，所以就没有难的事情发生，很多事情迎刃而解了。

［管理视野］

本章讲以无为、无事的原则去处理事务，说明大事都要从小事、从细微的地方着手。管理者不要强行去推进事务，要顺势而为，从细微处入手。任何事情都有难易，任何事情都有细节，都有规律可循，只要我们认真地按照先易后难、由小入大的原则去做，就会找到顺利完成它们的途径。聪明的管理者安于做小事，他们理智地运用自己的时间和精力，从容易的地方开始努力，选择小事成就大业，把小事做到精益求精。

精益求精是一种优秀的习惯，追求完美永远没有止境。要想做到精益求精，就要善于将每一件容易的事做好，并习惯于从成功中发现不足，从不足中创造成功。同样，把所有简单细微的事情做好了，大功也就告成了。那些成就非凡的人，着眼于大处，却在细微之处用心，日积月累，渐入佳境，这才是真正的成功管理之道。

第六十四章

[原文]

其安易持，其未兆易谋，其脆易泮（pàn），其微易散。为之于未有，治之于未乱。合抱之木，生于毫末；九层之台，起于累土；千里之行，始于足下。为者败之，执者失之。是以圣人无为，故无败；无执，故无失。民之从事，常于几成而败之。慎终如始，则无败事。是以圣人欲不欲，不贵难得之货。学不学，复众人之所过。以辅万物之自然，而不敢为。

[解读]

当局面安定时，容易控制，事情还没有出现征兆时，很易谋划；事物很脆弱时，很容易分散，事物在微小时很容易消失。

谋划事情要在它未发生之前，治理天下要在天下还没有乱之前，不要乱了以后再想办法治乱，那已经晚了。

几个人张开双臂都搂不过来的参天大树，也是由小树苗一点点长成的；我们今天盖的高楼大厦，也是由一堆一堆土垒起来的；行走了千里路，也是一步一步向前走的。这都说明做事情要从小到大。

以有为的方法，做事必败无疑。执着于什么，就会失去什么东西。所以得道的圣人做事以无为的方法来做，无非就是顺应事物的发展规律，顺应自然，这样做事就不会失败了。

人们做事情，总是在快要成功时，因为不谨慎而导致失败，所以当事情快要完成时，也要像开始时那样慎重，这样就不会失败。

人们所贪图的圣贤之人不贪图，所以圣贤之人不以人的欲望去做事，不以人的欲望去导向。他专门学习众人所不愿意学的东西，弥补众人所犯下的过错，遵循了万事万物自然的变化规律，而不敢乱加干涉。

［管理视野］

本章主要是讲我们做事的一个准则，事物如何能做得圆满，如何能做到大成。事物还处于安稳的状态时容易被把控，当事物还没有其他征兆的时候容易被谋划，当事物处于脆弱阶段的时候容易被攻破，当事物处于微小的时候容易被消散。优秀的管理者往往在事物还没有发生改变时去谋划变革，预防灾祸从它尚未发生的时候就开始处理。治理国家和管理公司都是一样的。

千里之行始于足下，小业务往往成就大事业。有些看起来很偶然的成功，实际上是由一件件小事构成的。很多成功的基层管理者，都做着看似简单的小事，但一方面他们从不认为自己所做的事是简单的小事，另一方面，不管在事情一开始，还是在快要完成时，他们都能谨慎、认真地对待。正是因为管理者对事情这样的处理方式，才能成就事业。

第六十五章

[原文]

古之善为道者，非以明民，将以愚之。民之难治，以其智多。故以智治国，国之贼；不以智治国，国之福。知此两者，亦稽（jī）式。常知稽式，是谓玄德。玄德深矣，远矣，与物反矣，然后乃至大顺。

[解读]

古代那些善于把握道的人，不以奸诈乖巧来教化人民，而是以淳真朴实来教化人民。老百姓难以治理是因为什么？是因为他们计谋过多。如果以计谋来治理国家，则对国家的发展不利。不以计谋治理国家，而是以淳朴真实的方法来治国，才是国家之福。

知道这两种方法的差别，就是治国的一种法则，也是深奥宽广的“德”，所以深奥而宽广的“德”至深至远于无，拥有德的人才能够使事物复归到初始的状态，极大地顺应于自然。

［管理视野］

本章主要是讲两种方法，一是教人乖巧奸诈，二是教人淳厚朴素。这两种方法，一种使国幸福，一种使国出现乱象。我们管理企业也是如此，要教化员工淳厚朴素才对。

对于团队的管理，我们一定要懂得群众的智慧是无穷的的道理，把自己放到一个最低的、最愚笨的地位上。其实，这是一个更高的角度。团队难以管理，是因为团队成员有着无穷的智慧，但需要用在一致的方向上。以所有团队成员都乐于接受的、自觉监督的方式进行管理，才是团队的福气。知晓了这些，我们才可以说是懂得如何去管理了。

第六十六章

[原文]

江海所以能为百谷王者，以其善下之，故能为百谷王。是以欲上民，必以言下之；欲先民，必以身后之。是以圣人处上而民不重，处前而民不害，是以天下乐推而不厌。以其不争，故天下莫能与之争。

[解读]

大江大海之所以能成为百川河流的王者，是因为江海处于低下的位置，而百川河流必将汇聚于江海。有道的圣人要想领导人民，必须以谦虚的言辞来对待人民；要想带领人民，就必须把人民的利益放在第一位，把自己的利益放在人民的利益后边。有道的圣人，虽然他的地位在人民之上，但人们也不感到有沉重的负担；虽然他的地位居于人民之前，但人民不感到有什么样的损害。普天之下的民众都乐于推举和拥护他，而不感到厌倦。因为他不与民争夺利益、争夺权势，他让利于民，所以天下没有人能与他相争。

[管理视野]

在本章，老子主要是讲谦虚和领导力。管理者首先应学会“处下”。只有这样，才能获得员工真正的认可与支持。一个终日居高临下、颐指气使、毫不尊重部下的领导，是不可能赢得部下的信服与支持的。

企业的组织结构一般呈金字塔形。塔的上端是管理者，他们享有制定政策、发号施令的权力；塔的下端是普通的员工，他们是政策实施的对象。这种金字塔式的控制很容易出现问题，原因就在于处于塔顶的政策制定者们往往因为高高在上而不再了解企业的内部状况，使得他们的主观决策与现实脱离，最终容易使企业走向破产的深渊。

管理者应善于处下，重视员工的想法，改善与员工之间的交流方式，企业才会具有持续的活力。在这种新思维下产生出的企业组织结构不是金字塔形，而是讲究家庭氛围的扁平式，这样能使员工感受到自己受到重视与关爱，感受到心灵的温暖，因而愿意踏实工作、尽己所能，充分发挥自己的潜在力量，为企业尽心尽力。管理者要尊重下属，只有员工感觉被尊重，他才会反过来尊重管理者，整个团队才能和谐高效地运转。管理者应当时刻把下属的尊严放在心头，每个人都有自己的尊严，即使是某些岗位被视为无用的人，也可能在某一方面潜藏着特长。

管理者也需要加强自身的修养，一个成功的人一定是有修养的人，是值得别人交往和信服的人。不争名、不争利是道家核心的处世哲学和思想，也是当好一个企业领导的基本素质。领导者不能与企业的下属员工争夺利益，而是要创建令他们满意的工作环境，这样才能使身边人才济济。越是高素质人才，越是创新型企业，越需要创造一种相互理解、轻松和谐的气氛。

第六十七章

[原文]

天下皆谓我道大，似在肖（xiào）。夫唯大，故似不肖。若肖，久矣其细也夫。我有三空，持而保之。一曰慈，二曰俭，三曰不敢为天下先。慈，故能勇；俭，故能广；不敢为天下先，故能成器长（zhǎng）。今舍慈且勇，舍俭且广，舍后且先，死矣！夫慈，以战则胜，以守则固，天将救之，以慈卫之。

[解读]

普天之下都说这个道是最伟大的，因为它不是用一事一物能够表现的。正因为它不是一个物能够表现的，所以它才伟大，如果道是一事一物，那么它就不伟大了，它就是显得非常渺小了。也就是说，因为世间万物皆有形，如果道是有形的，它就会有一个规模。既然有一定的规模，无论大和小，对道来讲都显得小了，所以大道是无形的。

老子说他有三个宝贝，会永远持有它和保护它。那是什么呢？第一个宝贝就是慈悲。第二个宝贝就是节俭。第三个宝贝就是不争和谦让。慈悲慈爱，才能够勇敢，节俭节制，才能够富裕壮大，不争名、不争利，才能够当万物之长。

现在人们舍去慈爱而去追求勇敢，舍去简朴而去追求壮大，舍去让名让利的美德而处处争先。这样做只有一条路，就是走向死亡。慈悲慈爱，用来征战就能胜利，用来防守就能巩固。天要援助谁，就会用慈爱来保护他。

[管理视野]

本章老子讲了为人处世的三个原则。最初他用一个比喻说道不是一事一物，道是万事万物，道不能以具体事物来表述，如果以事物来表述，它就不叫道了，就不伟大了，就非常渺小。老子说世间有三个宝贝可以一试。柔慈以感召人，勤俭以宽广，不敢居于天下人之先，所以能成为有号召力的万物的首长。

这三宝也是管理者修身的三要素。对待下属慈爱，严格控制成本，凡事不争谦下，这样的人管理的企业，怎能不经营得红红火火?

这里着重谈一下“舍俭且广”。一个人懂得省才能够赚。节俭是大多数成功企业家共有的特点，他们养成了精打细算的习惯，有钱就好好规划，而不是乱花。省下手中的钱，用在更有意义的地方，把钱用于投资、并购、慈善等。节省一分钱，就是为自己增加一分钱的资本。管理者要把“节俭”列为自我管理的重要一项。慈、俭、不为先，是老子奉献给人类的不可拆分的三大宝贝，将它们组合起来应用，我们就能够有勇气面对任何困难，并找到解决它们的办法。

第六十八章

[原文]

善为士者不武，善战者不怒，善胜敌者不与，善用人者为天下。是谓不争之德，是谓用人之力，是谓配天古之极。

[解读]

善于带兵打仗的将帅，轻易不逞其勇武，善于征战的人，很难被敌人所激怒，善于胜敌的人，从来不与敌人正面交锋，善于用人的人，会对人表示谦卑。这就叫作不与人争的品德，叫作使用别人的力量，叫作符合自然的大道，符合自然的规律。

[管理视野]

优秀的团队管理者，不论是中层管理者，还是高层管理者，要对整个团队进行实际管理和把控。“善为士者不武”，“不武”指不逞勇武，其实可以引申理解为不武断，要按照实际情况灵活处理问题。

用人问题，是任何管理者以及被管理者都不能回避的。如何用人？老子给出的方法是“用人之力”，这实际是一种大道至简的管理态度，借助别人的能力，其他的都不用考虑。企业管理中的“用人之力”并不是高压也不是利益诱惑，而是调动员工积极性，让员工自发地工作，让工作成为员工自我实现的一种方式，进而达到管理理论与应用结合的最佳境界。

第六十九章

[原文]

用兵有言，吾不敢为主而为客，不敢进寸而退尺。是谓行（xíng）无行（háng），攘无臂，扔无敌，执无兵。祸莫大于轻敌，轻敌几丧吾宝。故抗兵相加，哀者胜矣。

[解读]

在本章，老子以用兵之道来阐述道理。用兵之道是什么样的呢？我不敢主动进攻，不随便去进犯别的国家，而是好好地防守自己的国家，不敢前进一寸，而宁愿后退一尺。虽然摆了阵势，但就像没有摆阵势一样；虽然援臂相斗，但就像没有臂可援一样；虽然面对着敌人，但就像没有敌人可应对一样，虽然手中握有兵器，但就像没有握着兵器一样。这些是说把战争提升到无为的状态，百战皆胜。

没有比轻敌更大的祸患，轻敌几乎丧失了我的“三宝”。“故抗兵相加”中的“加”应为“若”，当两军实力相当时，悲痛弱势的一方能获得胜利。

[管理视野]

商场如战场，企业要时刻有危机意识，对于不利的事情要防患于未然，对于企业未来的发展方向要有前瞻性思维，但不会主动去挑衅对手。管理中有一句名言叫作“惕耸者生存”，也就是说，战战兢兢地经营的企业往往能够做到在激烈的市场竞争中长期存在。这里的战战兢兢并不是指畏首畏尾，所谓的“哀者胜”也不能简单理解为“悲哀”，而是指面对竞争时，战术上重视竞争对手，把自己的姿态放低，小心谨慎、思虑周全，将可能发生的意外考虑周全，才能够做到及时应变、百战百胜。

第七十章

[原文]

吾言甚易知，甚易行，天下莫能知，莫能行。言有宗，事有君。夫唯无知，是以不我知。知我者希，则我者贵，是以圣人被（pī）褐怀玉。

[解读]

老子说，我的话很容易理解，很容易施行。但是天下竟没有谁能理解，没有谁能实行。言论有主旨，行事有根据。正由于人们不理解这个道理，因此才不理解我。能理解我的人很少，能够从我这里取法的人就更难能可贵了。因此有道的圣人总是穿着粗布衣服，怀里却揣着美玉。

[管理视野]

对于自己的思想、言行，老子的总结是：简单、易行。管理者也应如此，将简单的思想智慧、易行的工作方法分享给下属和员工。从造福于员工的目的出发，而不是为了造就管理者个人的成就和名声。真正的管理学问并不需要华丽的词语、优美的语言，只有简单的朴实无华的语言才能经历岁月的洗礼。

第七十一章

[原文]

知不知，上；不知知，病。夫唯病病，是以不病。圣人不病，以其病病，是以不病。

[解读]

这一章的意思其实是告诉我们，知道自己还有所不知是很高明的。不知却自以为知道是很糟糕的。有道的圣人没有缺点，因为他把缺点当作缺点。正因为他把缺点当作缺点，所以，他没有缺点。

也就是说，不是圣人没有缺点，圣人能发现自己的缺点和不足，他就能克服这个缺点。人贵有自知之明，要学会谦虚，不知道的就说不知道，不明白的也说明白，切忌不懂装懂。

[管理视野]

随着年龄的增长，管理者级别的升高，以往的知识常常会落后，过去的成功经验慢慢会变成故步自封的局限，对新生事物从不敏感变为完全不知晓，这就是所谓的“路径依赖”。

管理者首先要坚持活到老、学到老，其次要善于和年轻人交朋友，知晓年轻人的喜好潮流，再次要摈弃对新生事物的挑剔态度，这样才能跟上时代的节奏和步伐，发现个人和企业的机遇。这个世界是不断变化的、更新换代的，而不是年老的永远处于优势地位。经验是宝，但也可能是局限，多方位、多角度学习是贯穿管理者一生的课题。

第七十二章

[原文]

民不畏威，则大威至。无狎（xiá）其所居，无厌其所生。夫唯不厌，是以不厌。是以圣人自知，不自见（xiàn）；自爱，不自贵。故去彼取此。

[解读]

老百姓不畏惧统治者的威压时，祸乱就要开始了。不要造成老百姓流离失所，不要阻塞老百姓的谋生之路。只要做到以上的这两点，老百姓就不会心生厌恶。所以作为得道的圣贤，虽然有自知之明，但不表现自己，虽然有自爱之心，但不凸显自己的高贵。所以取自知和自爱，去掉自见和自贵。

[管理视野]

当下属不畏惧上级的威压时，当同僚不顾及彼此的协作互助关系时，可怕的内部祸乱就要到来了。管理者不要逼迫员工不得安稳工作，不要阻塞员工进阶的道路，员工才不会厌恶管理者。聪明的管理者和有道的圣贤一样，不但有自知之明，也不自我表现；有自爱之心，也不自显高贵。

第七十三章

[原文]

勇于敢则杀，勇于不敢则活。此两者，或利或害。天之所恶（wù），孰知其故？是以圣人犹难之。天之道，不争而善胜，不言而善应，不召而自来，绅（chǎn）然而善谋。天网恢恢，疏而不失。

[解读]

勇于刚强的性情，最后的结果容易是死路；勇于柔弱的性情，就能保住性命。这两者一个对人有利，一个对人有害。

天所厌恶的，谁知道是什么原因呢？连圣贤都难以把它讲得非常明白。

自然的规律告诉我们，不斗争而善于取胜，不言语而善于应承，不召唤而自动到来，坦然而善于安排筹划。大自然无边无际，如此宽广，但是自然从来就没有漏失过。

[管理视野]

企业运行有其自然规律，不争斗反而善于取胜；不用过多的言语去说，大伙都能心领神会；不用去召唤，员工自己就响应而来。因为这就是英明的管理者事事尊重规律之后自然形成的感召能力。

企业的战略和规划往往都是先谋而后动，只要遵循了自然的规律，那就能达到禅的境界。心静的时候就能有智慧，有智慧就能够谋略，这是告诉我们坦然，遇事不要惊，要顺应自然，方法自然就能找到。

第七十四章

[原文]

民不畏死，奈何以死惧之！若使民常畏死，而为奇者吾得执而杀之，孰敢？常有司杀者杀。夫代司杀者杀，是谓代大匠斲（zhuó），夫代大匠斲者，希有不伤其手矣。

[解读]

人民不畏惧死亡，为什么用死来吓唬他们呢？假如人民真的畏惧死亡的话，对于为非作歹的人，我们就把他抓来杀掉，谁还敢为非作歹？犯了法的人应该由司法机构来处理。如果看了别人为非作歹，就私下去处理这些问题，这叫自己以身试法、越俎代庖。就犹如不会伐木的、不懂木工活的人，去代替了高明木匠的工作，最后肯定自己会遭到巨大的伤害。

[管理视野]

本章以司法问题作为例子，讲百姓的心理。人们在太平盛世安居乐业的时候都想养护身体，在乱世和过重的刑罚之下，人们恐怕把身体看得就淡了，所以人们就不害怕死亡，如果这样，天下就难治了。为此，法律不能过于严苛，但又不能没有法律。如果没有法律，那些为非作歹的人就会猖獗，有人就会因为私惩他们而受到伤害。

一个企业的规章制度也是如此，有了制度和规则，所有人就应该依据制度行事，管理者不能依据自己的好恶任意行事。现代职业社会是开放的，员工难以适应就会跳槽离开，因此公平、公正地执行规章制度，比用制度吓唬员工、用个人的权威压制下属要有效。按规则行事，而非越俎代庖。否则，大多数情形下只能最终伤害到公司的利益。

第七十五章

[原文]

民之饥，以其上食税之多，是以饥。民之难治，以其上之有为，是以难治。民之轻死，以其求生之厚，是以轻死。夫唯无以生为者，是贤于贵生。

[解读]

人民之所以遭受饥饿，就是由于统治者吞吃赋税过多，所以人民才陷于饥荒。人民之所以难于统治，是由于统治者政令繁苛、妄加施为，所以人民就难于统治。人民之所以轻生冒死触犯法律，是由于统治者为了奉养自己，把民脂民膏都搜刮净了，所以人民觉得死了也不算什么。只有那些不去追求生活享受的人，才比过分奢华享乐的人高明。

[管理视野]

饥饿难以治理，人民难以管治和轻生冒死、不怕死，这是什么原因造成的？第一个是私吞税赋，第二个是强作有为，第三个是剥削人民，而没有按照自然规律去做。对企业管理者而言也是相同的，员工跳槽、怠工或者难以完成任务，实际上还要从管理者自身以及管理方法上找原因，如果管理者把自己的私欲、贪图享乐，把执行自己的主观意志看得非常的重，员工就会貌合神离、奋起反抗。管理者应该体会员工之疾苦，朴素、无为、自然、大公无私。

第七十六章

[原文]

人之生也柔弱，其死也坚强。万物草木之生也柔脆，其死也枯槁。故坚强者死之徒，柔弱者生之徒。是以兵强则胜，木强则兵。强大处下，柔弱处上。

[解读]

老子说，人活着的时候身体是柔软的，人的生命终止时身体是僵硬的，草木生长的时候是柔软而脆弱的，草木死了以后就枯燥而僵硬了，因此，凡是强硬的东西都属于死亡，凡是柔软柔弱的都属于生长。

所以说用兵之道，如果逞刚强，最后就会遭到毁灭，树长得非常大了，就会遭到砍伐和摧折。根据以上的道理，强硬的反而处于下位，柔软的反而处于上位。

［管理视野］

企业管理和企业竞争中强大处下、柔弱处上的原则同样适用。争强好胜是人的天性之一，但争强好胜并不是逞强和张扬，以强势的方式去处理问题可能是水平较差的一种方式。当你有强大的实力，却放低身价，以柔弱的方式去处理问题时，反而能够服众，不论是企业还是个人都能够处于灵活的地位，并最终受益。用温和的、柔弱的方式来处理事情才是上好的方法。

第七十七章

[原文]

天之道，其犹张弓与！高者抑之，下者举之；有馀者损之，不足者补之。天之道，损有馀而补不足。人之道则不然，损不足以奉有馀。孰能有馀以奉天下？唯有道者。是以圣人为而不恃，功成而不处，其不欲见贤。

[解读]

宇宙的自然规律就像人间拉弓射箭一样，弦太高了，那就要低一点。低了就应该向高举一下，那么弦拉得太满了，就应该放松一下，拉得不足就应该补充一下力量。

天道，有天下为公，均衡之相，所以宇宙的自然规律是多了就减损下来，补充那些少的，少了就加上，产生均衡。而人道不是这样的，那些本来不富足的反而补偿给那些富余的。所以富者愈富，穷者愈穷。

谁能做到富足了给予不富足的人？得了道的圣贤能够做到。因此，有道的圣人做到了这一点而不占为己有，虽然成就了伟大的功绩而不居功自傲。他不愿意显露自己的贤能。

[管理视野]

企业的社会责任是近年来被日益重视的话题。企业社会责任要求企业必须超越把利润作为唯一目标的传统理念，强调要在生产过程中关注人的价值，强调对环境、消费者、对社会的贡献。企业社会责任主要包括：对员工的责任、对债权人的责任、对消费者的责任、对社会公益的责任、对环境和资源的责任。现代社会对企业社会责任的重视，恰恰符合了老子的哲学思辨，做到“有馀以奉天下”。所谓送人玫瑰手有余香，善心善举也必有善报。

第七十八章

[原文]

天下莫柔弱于水，而攻坚强者莫之能胜，以其无以易之。弱之胜强，柔之胜刚，天下莫不知，莫能行。是以圣人云，受国之垢，是谓社稷主；受国不祥，是为天下王。正言若反。

[解读]

普天之下没有比水更柔弱的了，但是攻坚克强却没有什么东西可以胜过水。老子非常推崇水德，在刚柔、强弱、雄雌等矛盾对立中，老子一直强调的是贵柔、处弱、守雌这样的观点。

弱小的能够战胜强大的，柔弱的可以战胜刚强的。普天之下的人都知道这个道理，但是没有几个人能做得到。

所以古代这些得道的圣人是怎么说的呢？能够承担国家的屈辱，他就可以当国家的君主，能够承担国家的灾祸和不吉祥，可以当天下的君王。正确的话往往都用反面的话去表述。

[管理视野]

天下最柔软的东西，往往能驾驭天下最坚硬的东西。所谓“滴水穿石”即为此意。历史上很多有名的领军人物，例如三国时代羽扇纶巾的诸葛亮，南北朝时代的白袍将军陈庆之，往往自己并不会武功，但是照样领兵打仗所向披靡。所以管理者并不需要是全能的，而需要是虚怀若谷、知人善任的。当然老子所说的柔弱，并不是通常人们所说的软弱无力，而是柔中带刚，弱中有强，无比坚韧。因此优秀的管理者就像水一样，自愿处于卑下柔弱的地位，实行“无为而治”，这样反而能够保持高高在上的地位。管理者既追求管理中赢得利润的目标，又注重人的本能、欲望、自尊和价值观，既实施规章制度的规范，也注重柔性管理，最终就会达到管理者与被管理者和悦相对、圆融致和的境界。

企业之间的竞争也是如此，都主张以阴柔之法克制属于阳刚的事物，避免正面冲突，奇兵制胜。企业发展是一场长跑，不是追求短期内的成败得失，而是比拼谁能耐得住寂寞，谁能理解客户的真正需求。

第七十九章

[原文]

和大怨，必有馀怨，安可以为善？是以圣人执左契，而不责于人。有德司契，无德司徹（chè）。天道无亲，常与善人。

[解读]

如果把大的怨恨和解了，最后还是会有余下的小怨存在。如果以德来消除剩下的怨，怎么算得上是最好的解决办法呢？

所以圣贤保存借据的存根，但并不以此强迫别人偿还债务。有德的人，就像持有借据的圣贤那样宽容，无德的人就像掌管税收的人那样以非常严苛的方法催债。

自然规律对所有人都是平等的，没有偏执，经常帮助那些善良的人。

[管理视野]

管理者要有颗善良的心，但是也不能是非不分。当公司中员工之间产生矛盾的时候，不能一味和稀泥或者强行压制矛盾，因为表面上的矛盾消失了，可能还有些矛盾残留下来，将来造成隐患。当下属犯错误的时候，管理者不能简单粗暴地使用苛责的方式来处理，要给下属留有改正错误的余地，就像古代手持借据而不使用的圣贤一样，宽容以待，那样才能带出敢于创新和尝试的团队。

第八十章

[原文]

小国寡民，使有什伯（bǎi）之器而不用，使民重（zhòng）死而不远徙。虽有舟舆，无所乘之；虽有甲兵，无所陈之；使人复结绳而用之。甘其食，美其服，安其居，乐其俗。邻国相望，鸡犬之声相闻，民至老死不相往来。

[解读]

使国家变小，使人民变少，即使有很多器具也不使用，资源很丰富人们也不去开采。由于人们很喜欢自己的家园且重视死亡，没有人去远方去寻找所谓的世外桃源。

虽然有船只和车辆，但人们并不乘坐；虽然有很多的兵力和战斗用的武器装备，但是很少去排兵布阵，使用这些装备去打仗。

所以使人们恢复到上古的结绳记事的时代，天下得安宁和大治。人们品尝着美食，穿着漂亮的衣服，住着豪华的居所，人们都遵循着自己的民俗而得到喜乐。

国跟国之间能够一眼看得见，鸡叫和狗叫的声音相互能够听得到，但是互相之间从不往来，国与国之间也不相互奔走。也就是说，人们都在自己住的地方，非常满足地生活，这种互相尊重，各自都有独立生活空间，又不互相干扰、不互相破坏、不互相攻击的社会，就是老子所提倡的淳朴的符合道的社会。

［管理视野］

实际上市场竞争的初级状态，就类似“小国寡民”，众多中小公司林立，为社会提供大量的就业机会，对市场变化的反应也很快。“小国寡民”并不是消极的、不思进取的，而是立足于实际，因地制宜、谋求方法、积极进取的。在追求物质、高速发展的今天，这一思想也是有借鉴意义的。

当然市场经济发展到一定的阶段，同一细分市场资源会越来越集中，甚至出现垄断的情况，这就需要有《反垄断法》来限制。实际上现代经济的发展，某一细分市场的模式可能是竞争型垄断，例如飞机制造市场的波音和空客，软饮料市场的可口可乐和百事可乐，一方面是集约化生产有着控制成本、提升效率的作用，另一方面是能发挥品牌和传播的作用。

随着知识经济、现代制造业的发展，这种态势可能被打破。小公司也可以依托大数据、云计算、供应链管理、智能制造，达到以往集约化生产的效率和成本控制的目标，甚至 AI 和 3D 打印的发展，还可能使中小企业摆脱供应链的限制。但是这也可能促成新的垄断，例如信息垄断和智能计算垄断等新的问题。从社会管理者的角度来说，如何通过政策法规的引导规范，保护中小企业的生存发展空间，是个永恒的话题。

第八十一章

[原文]

信言不美，美言不信；善者不辩，辩者不善；知（zhì）者不博，博者不知（zhì）。圣人不积，既以为人，己愈有；既以与人，己愈多。天之道，利而不害。圣人之道，为而不争。

[解读]

可信的言语往往不是很动听入耳的，用华美的言词来装饰的话语往往可信度不足。善良的人不善于巧说，巧说善辩的人往往不善良。智者往往不卖弄自己的学识，卖弄自己学识的人往往不是智者。

圣贤往往不存私心去占为己有，他越是去帮助别人，自己越能够富有；越去给予别人，自己反而得到越多。

自然的规律是让万事万物都得到好处，而不加以损害。圣人不与人争夺，而是以身作则。

［管理视野］

诚信的话不一定好听，好听的话不一定诚信，有德行的人不一定善于争辩，而花言巧语的人大多没有德行。作为管理者要有明辨是非、识人善用的能力。很多企业里有能力的人往往不太善于表达，有的甚至不太愿意和领导接触和交往，甚至会在业务上和领导的意见产生冲撞，但这样的人往往是企业的中坚力量。人的精力是有限的，有些人天天围着领导转，巧言令色讨领导开心，然而这些人往往并没有什么实际的业务才能，甚至会挤压有能力者的生存空间，造成人才的流失。

另外，管理者也要切忌把自己的利益放在首位，甚至侵占下属的利益。聪明人知道，越是去帮助别人，自己反而会得到越多，心存善念，无欲不争。

第六篇

执古之道以御今之有

第一章 无为而治

“无为而治”“不言之教”是老子学说的核心内容之一。在当时，老子希望各诸侯国的当权者在社会治理方面，尊重人民的自然本性与国家发展的自然规律，减少严苛的制度和苛捐杂税，与民休养生息。规劝当时各国的统治者“无为”便是要统治者做到不大兴其事，保持制度的稳定性，实现其自我管理。

这个概念放在现代企业管理中，就是要让被管理者充分发挥主观能动性，为了实现人的自我价值而工作，而不是时刻凸显管理者或者管理组织的存在。对于管理者而言就是要使被管理者在管理活动中感受不到自己的存在，不能通过各种过度主观的管理手段和活动让人心生厌恶。

老子提出“无为”不是对“有为”的否定，而是在对“有为”及其结果的反思之后提出的一种限定“有为”的方法，“无为”是相对于过度干预和肆意妄为而言的。历史上最著名的“无为而治”的案例是汉初的“文景之治”，即西汉汉文帝、汉景帝统治时期的治世方略。汉初，因多年战乱导致社会经济凋敝，汉廷推崇黄老治术，采取“轻徭薄赋”“与民休息”的政策。朝廷重视“以德化民”，汉文帝自己生活十分节俭，衣不曳地，衣物车架不随意增添，帷帐不施文绣，更下诏禁止郡国贡献奇珍异物。因此，国家的开支有所节制，贵族官僚不敢奢侈无度，从而减轻了人民的负担。到景帝后期时，社会安定，百姓富裕，国家粮仓丰满，府库里的大量铜钱多年不用，以至于穿钱的绳子烂了，散钱多得无法计算，为后来汉武帝征伐匈奴奠定了坚实的物质基础。

所以“无为而治”是指一种尊重规律的治理，是不带人的主观意志和价值取向的一种治理，它是不妄为、不强为、不私为，且合于自然的，合乎“道”的本质规律的。企业管理中“无为”并不是放任自然的毫不管理，而是一种有限制的“为”。所以，在具体管理行为中如何去限制自己的行为，以达到自然无为，就要求管理者在管理活动中能够善为，能够根据组织管理的性质把握好那个“为”的度，既不违背组织内部人和事物的本性，又能够使其自然本性与组织管理的目标自然而充分融合。

和“无为而治”相匹配的是“不言之教”，在老子《道德经》中提到的管理方法有“不言”“不有”“不宰”等等，是很多种方法的总称。老子所说的“不言”一方面是指不说话，少干预治理，少发号施令；另一方面是指少颁布政策法令制度。

管理者在处理事务和制定目标时要坚持“无为”原则，要顺应事物发展的规律去有所作为。把这一“无为”的原则推及到企业管理和社会责任中去，要以“无事”的态度面对。“无事”就是凡事要从客观实际情况出发，尤其不能以自我为中心，一切讲究水到渠成。

在现代企业管理工作当中，有些身居要职的领导者一旦权势在握，就会忽略自我反省，忘记自己的责任和义务，高高在上、主观妄为，进而将组织的发展引入歧途。作为组织的管理者，自身行为与修养对被管理者有着很大的影响，管理者就像舞蹈的编导，被管理者就是编导教学的对象，管理者进行管理要融入自身的修养和思想，要以自己的实际行动去影响他人，实现领导工作的“无不为”。

当管理者自身拥有一定权力后，要从思想认识上端正自己，将自身视为一名普通员工，其不同的是肩上所承担的责任比一般员工重，并融入员工的工作与生活，与员工建立一种平等关系，使员工在工作中不受权力的压制和束缚，在一种平衡和谐的环境下轻松工作。

“无为而治”管理思想的真正价值在于管理工作的有效而无形，有秩序而无压迫，有和谐而不僵固，使管理者的言行特别是其行为表现出一种特殊的人格和风尚。这种管理的人格和风尚只有建立在遵循客观规律、把握道德原则与服务信念的基础上，以身作则，少颁布政策法令，才能真正实现管理的目的和效果。

“无为而治”的另一个含义是对“度”的把握，在中国传统文化中，管理向来是作为一种智慧，而非一门知识被谈及的。管理是一种高超的分权、放权、不滥权的艺术，也是体现管理者智慧的一个方面。把握好

“为”的度，往往需要管理者拥有较高的自身修养、丰富的管理经验、把握变化的判断能力以及谦逊的学习能力。“治大国如烹小鲜”，管理之事就像烹饪小鱼的过程一样，如果不翻动可能造成小鱼半生半熟，如果频繁地翻动，小鱼便无法保持完整的形状而变成一堆碎渣。

管理者的信仰和价值取向决定了企业文化的定位与方向。克制自身欲望对自身管理和企业管理有着重要作用。有的管理者拥有一定权力后就会忘记自己的本心，以自身利益为中心而不顾下属感受，甚至抵挡不住诱惑的侵蚀肆意妄为，形成一种以自我为中心的价值取向，最后使整个团队一败涂地。要想管好人并且形成一种正确的价值取向就必须要严于律己，遵守企业的规章制度，以身作则，以榜样的力量带领下属，使下属跟随管理者达到教化自身的效果。这样企业文化就在无形之中形成，实现“不言之教”的效果。

大家知道传统的制造业转型是非常难的，不仅需要硬件的更新换代，也需要全员知识层次的更新换代，进入一个新的领域也是机遇和挑战并存。有一个中国制造业老板一直渴望转型，他琢磨来琢磨去想到一个办法，就是在公司内部搞一个创业比赛，全体员工参与评比和投票，如果某个员工的创意赢了，公司出资支持员工去创业，当然公司作为主要投资人要占有大股份。这个计划不仅对于那些有创业意愿的人充满吸引力，其他员工也会因为参与活动而思路大开。结果几年下来，这家公司居然控股了很多家具有互联网基因的企业，成功实现转型。

2019 年 12 月 26 日，海尔集团迎来创业 35 周年，海尔集团董事局主席、首席执行官张瑞敏在庆典上宣布，海尔集团进入第 6 个战略发展阶段：生态品牌战略。

回顾海尔的战略历程，从最初打造高质量冰箱的名牌战略到 20 世纪 90 年代的多元化战略，从中国加入 WTO 以后的国际化战略阶段到全球化品牌战略，每一次转型，实际都是依托全员水平提升的变革。2012 年，海尔提出进入网络化战略阶段，从传统制造家电产品的企业转型为面向全社会孵化创客的平台，实际上就是将公司作为一种孵化的母体，依靠基层员工甚至是外部人员的主观能动性，实现企业转型和市场拓展。而最新第 6 阶段战略则标志着海尔从价格交易转型为价值交互，即将企业、员工、客户和利益相关者的价值交互生态作为实现目标，而不是简单的生产和买卖。

所以，无为而治，实际上是一种顺应变化规律的管理战略。微观上，是组织管理中顺应组织内部成员的自然本性，保持其自然之态，按照组织发展的内在规律，以不为而善为。宏观上则是顺应市场发展规律，时刻把握、调整“为”的尺度的一种大智慧。

第二章 贵柔不争

老子在《道德经》中非常推崇水德，《道德经》第八章：“上善若水。水善利万物而不争，处众人之所恶，故几于道。居善地，心善渊，与善仁，言善信，正善治，事善能，动善时。夫唯不争，故无尤。”《道德经》第七十八章：“天下莫柔弱于水，而攻坚强者莫之能胜，以其无以易之。弱之胜强，柔之胜刚，天下莫不知，莫能行。”普天之下没有比水更柔弱的了，但是攻坚克强却没有什么东西可以胜过水。

在刚柔、强弱、雄雌等矛盾对立中，老子一直强调的是贵柔、处弱、守雌这样的观点，认为弱小的能够战胜强大的，柔弱的可以战胜刚强的。从企业管理的角度来看，管理者也应效法水德，包容万物、通达知变，因势利导，知人善任。对内使下属有参与管理和自主决策的权力，充分发挥每个人的潜力。“非竞争型战略”是现代管理学中处理企业之间竞争的一种新模式，即企业与企业之间将敌对的竞争关系转为伙伴关系，因此管理者对外则应该本着合作共赢的心态提倡良性竞争，注重企业的社会责任，兼顾各利益相关者的权益，同时对外部环境的变化敏锐感知，积极顺应形势发展而变革。

《道德经》第二十二章说：“曲则全，枉则直，洼则盈，敝则新，少则得，多则惑。”委曲便会保全，屈枉便会直伸，低洼便会充盈，陈旧便会更新，少取便会获得，贪多便会迷惑。“夫唯不争，故天下莫能与之争”。正因为不与人争，所以遍天下没有人能与他争。

如今竞争激烈的商业环境中，企业不仅要面临同行业的竞争，也要面临跨界竞争，更可能面临外部环境的激变。企业之间的竞争好理解，主要集中在同行业争夺市场份额上。而跨界竞争往往防不胜防，例如手机行业原来是摩托罗拉、爱立信、诺基亚三分天下，没想到一转眼原来的电脑硬件厂商苹果、电脑软件商微软、网络广告服务商谷歌加入战团，后来连硬件代工商三星、通信硬件服务商华为也加入战团，手机市场原先三强竞争的局面彻底被打破。随着新技术的融合，这种跨界竞争将成为常态。

外部环境的激变，也是企业将面临的常态。例如为了实现共同应对气候变化、保护环境的承诺，中国将在2030年实现“碳达峰”、2060年实现“碳中和”，也就是以往依靠火电、煤炭和石油使用排放的生产模式将被“碳排放”这个紧箍咒越套越紧，进而催生经营模式的巨大改变。再如2020年新冠疫情的突然发生，一下子使依靠人口集聚而产生的商业模式，包括教育、电影等行业陷入困境。

越是在困境之下，企业越是需要具备忍辱负重的能力，只有“保持本心”“为而不争”，脚踏实地，才能够让自己的头脑保持清醒，看清事物内在的本质，最终渡过难关，转危为机。不过于在意“争”，最后或许会收获更多，忍辱力也是一种管理大智慧的表现。

早些时期，由于沃尔玛的“争”，将供应合作方看作是利益相争的竞争者，为了保全自身利益让资金利益达到最大化，沃尔玛想尽一切办法打压供应商的商品价格或者用更极端的手段压榨供应商的利润值，最终导致沃尔玛与供应商合作的关系断裂。宝洁公司就是其中之一，由于这一利润的打压严重损害了宝洁公司的利益，宝洁公司开始反击沃尔玛。由于双方都只顾及眼前的短期利益，最终导致宝洁公司与沃尔玛的长期冷战。后来通过冷战时期的反思，双方都作出让步，开始着眼于长期利益，不计前嫌，双方建立信任，重新回归到合作道路上。在合作过程中沃尔玛将信息共享给宝洁公司，为宝洁公司的产品营销开辟了宽阔渠道；而宝洁公司通过信息技术及时追踪沃尔玛产品的销售情况，为沃尔玛及时补货，弥补了沃尔玛之前因为订货流程和缺货所带来的弊端，提升了沃尔玛的运营利润。从“好争”转向“不争”，沃尔玛与宝洁公司在共同的努力下相互支撑，实现了双方的共赢。从这个案例中我们发现，拥有智慧的企业管理者并不会着眼于现有的市场，不会与竞争对手面对面地交手，而是会跳出传统的束缚和固定的思维模式，去寻找和发现市场运作的规律和本质，看清市场中的“无”和“有”，别人有的尽力去做好，别人没有的尽力去创造，让企业在更为宽广轻松的环境下生存。

第三章 无我利他

利他行为是一种对别人有好处，且没有明显自私动机的自觉自愿的行为。最早由法国社会学创始人孔德（A.Comte）提出，后又被英国哲学家、社会学家赫伯特·斯宾塞（H.Spencer）等人沿用。

老子《道德经》第七章讲“天长地久。天地所以能长且久者，以其不自生，故能长生。是以圣人后其身而身先，外其身而身存。非以其无私邪？故能成其私。”

老子以天人合一的境界，把宇宙、人生和社会看成是一个统一的整体，从而要求人与人之间要爱而忘私，和谐相处。

日本的京瓷公司，其竞争力就在于全方位“利他”。京瓷公司设立的第二年，招进了10多名高中毕业生，经过一年的磨炼成为主力军。但创办不久的小企业，工作条件艰苦。员工常常加班，工资也不高，目标要求又非常之高，年轻人无法忍受，他们持联名状，向创始人稻盛和夫提出“集体交涉”。联名状上写明每年最低工资增幅、最低奖金，而且须连续增长等等，要求稻盛和夫予以承诺。

当初招聘面试时，稻盛和夫曾明言：“公司究竟能成何事，我自己也不知道，但我必定奋力拼搏，力争办成一流企业。你们愿意到这样的公司来试试吗？”员工们了解稻盛和夫这些话，晓得稻盛和夫事先并无工资奖金增幅方面的承诺，但仅过了一年，就写联名状并威胁：不答应条件就集体辞职。“新公司正缺人，他们已成战斗力，如果走了，公司必遭损失。但是，如果他们无论如何都要固执己见的话。那也没办法，就算公司从头再来吧。”稻盛和夫不肯妥协，明确答复：“不接受你们的条件。”

稻盛和夫说：“谈判从公司谈到我家，僵持了三天三夜，我这样对他们说，作为经营者我决不只为自己，我倾全力把公司办成你们从内心认可的好企业，这话是真是假，我无法向你们证实，你们姑且抱着‘就算上当也试试’的心情怎么样？你们既然有勇气辞职，希望你们更有勇气相信我，我拼上命也要把事业做成，如果我对经营不尽责，或者我贪图私利，你们觉得真的受骗了，那时把我杀了也行。”这样熬了三天三夜，推心置腹，他们总算相信了稻盛和夫的话，撤回了条件。稻盛和夫说：“京瓷公司不是显耀稻盛和夫个人技术的场所，更不是经营者一个人发财致富的地方，而是要对员工及其家属现在和将来的生活负责，京瓷公司应该成为全体员工共同追求幸福的场所。”

此后，稻盛和夫将“在追求全体员工物、心两面的幸福的同时，为社会的进步发展做出贡献”作为京瓷的经营理念。因为企业作为社会一员必须承担相应的社会责任，所以这后一句也必不可少。可以说正是利他之心感动了创业员工并奠定了京瓷公司的企业文化。

管理者不能局限于自己的一个领域，如果企业管理者能站在利他的角度抬起头来，正心诚意，永远保持一颗利他之心，能量肯定不容小觑！对于一个企业而言，“无我、利他”就是要不生贵心、邪心，安于己位做好本职工作。老子在《道德经》中为我们指明了出路:“是以圣人之浩，虚其心，实其腹，弱其志，强其骨。常使民无知无故，使夫智者不敢为也。为无为，则无不治。”这里的“虚其心”，是指戒除贪心，使之无欲无求;“无知无欲”则是去除妄想，不贪不占。在中国传统文化中，贪居“五毒”之首，对个人成长的危害最大，会像毒药一样吞了我们的灵魂，使我们造恶业，妨碍我们修行。

第四章 专一守信

老子《道德经》第十六章讲“致虚极，守静笃”。“守静笃”讲的是要一心不乱、专一不二地“守”住心的清明本性。《道德经》第十七章“故信不足，焉有不信。犹兮其贵言哉”，指统治者的诚信不足，人民自然就不信任他。《道德经》第四十九章“信者信之，不信者亦信之，得信矣”，是说守信的人信任他，不守信的人也信任之，这样可使天下人都学会守信。《道德经》第六十三章“夫轻诺，必寡信”，即“轻易许诺的人一定缺少信用”。《道德经》第八十一章提出“信言不美，美言不信。”在老子看来，诚信的根本精神在于尊诚道，讲信德。其展开意义就是心怀诚意，讲求信誉，公正无私；鄙视表里不一，反对欺诈虚妄，弃绝巧伪趋利。唯有如此，才能构建和谐的道德秩序，实现“无为而治”的淳朴民风。

在中国商业发展史上曾涌现出一大批商业精英：王亥、子贡、弦高、子产、计然、范蠡、白圭、桑弘羊……他们在商场上弘扬中华文化精髓，同时又造就了大笔财富，反过来回馈社会。诚信是商业经营的基础，更是民族文化的基石、立国之本。

西方的商业发展到今天最基本的一个基础就是契约精神，这和老子讲的重信实际上是同源的。在西方传统的商业文明下，契约代表着商业关系双方的承诺，信用与契约紧密地联系在一起，甚至信用要靠契约来维系，可以说西方传统的商业文明是建立在契约的基础之上的。契约精神本质上就是一种诚信精神，只有交易的双方遵守契约，切实履行合同，才能确保交易安全，市场经济才能发展起来。

钢铁大王安德鲁·卡内基先生在他的自传中写道：“一个大企业如果不能做到诚实守信，很难生存下去。‘精明过度’和严苛的名声对大企业都是致命的……一个企业要获得长久性的成功，公正诚实的信誉比遵纪守法更重要。”

拱顶石桥梁公司一直是卡内基先生“最满意的公司”。“在美国，几乎所有曾建设铁桥的公司都失败过，许多桥梁的结构倒塌了，导致了一些最严重的铁路事故，还有一些桥因为强风而倒塌。而拱顶石公司建造的铁桥，从没发生过此类事故，尽管一些桥所处的地方风力也不弱。这可不是运气好，我们使用了最好的、最充足的原料，自己制造钢和铁。我们自己是最严厉的检测员，要么不建，要建就建最安全的桥梁。当有公司要我们建一座不够坚固或是设计不科学的桥梁时，我们会断然拒绝。任何标有‘拱顶石桥梁公司建造’的桥梁（美国没有几个州没有我们的桥梁），我们都会承担保险责任。”

通用电气公司（GE）前总裁杰克·韦尔奇在其自传中也写道：“我近乎疯狂地严格要求自己诚实守信，与官僚浮夸作风进行斗争，哪怕这样做意味着我在GE不会获得成功。我同时还记得自己在扮演一个不同的自我时承受的巨大压力。我也要遵守游戏规则。”“做人要以诚信为本。一旦形成这种人格，不论在何种好的或不利的情形下，都要保持这一作风。不可能所有人在所有事上都同意我的看法——我也不可能任何时候都正确——但只要每个人明白我做事诚信就行了。这样才能建立与客户、供货商、分析家、竞争对手及政府部门的良好关系。这是为企业确定基调。”

格力电器是唯一一家坚持专一化经营战略的大型家电企业。格力空调专一化战略指的是格力电器一直坚持以空调作为自己的主业，不发展空调之外的其他业务，而把主业做专做精。专一化战略为企业以高端技术为突破口，开辟市场和占领市场提供了一种现实能力。它能使企业把有限的人力、财力、物力、领导的关注力、企业的潜力等，集聚在某一方面，凸显和形成局部优势。这种战略能力将成为企业在竞争中的一种核心竞争能力。

最近有一个新晋的网红“拉面哥”，其走红基于一段视频。这个来自山东农村的面摊老板，在接受一位学生实习视频的采访中，被问及为何坚持一碗拉面卖3元，15年不涨价。他回答说：“老百姓挣钱也不容易，一碗面可以挣四五毛钱，养家糊口够用了……”真实、淳朴、勤劳又风趣的对话一下子打动了许多人，全国各地的人们蜂拥而至，以至于带火了一个偏僻冷清的小城镇。

为什么一个在当地卖拉面的普通农民能够一下子引起那么多人的关注，根源在于所有人心中都憧憬和希望“专一守信、道德立业、诚信取胜”成为商业运行的基本准则。

第五章 大道至简

“道生一，一生二，二生三,三生万物。”“一”是一种整体思维，是一种全方位多角度的圆融思维，一种人与人、人与社会、人与自然共生共存、和谐相处的一体思维，具有“多元通和”的价值和意义。天人合一，推天道以明人道，率人道以合天道；道术合一，合万殊为一理，化万异为一宗。

现代科学的观点，认为一切生物都发源于一个基本细胞。基本细胞分裂为二,二再分裂为四,四再分裂为八……这样持续不断地分裂下去，由简到繁，就构成了宇宙万物。实际上这就是“一”思维的一个印证。中西方文化的根本差异就在于思维方式的不同，西方文化是以分析思维为基础的，结果就是发现越来越多的差异和纷争。而中国文化强调“天人合一”，是综合思维的表现，万事万物除了差异之外，更重要的是大系统与小系统、母系统与子系统的关系。

《道德经》第二十五章提出“人法地，地法天，天法道，道法自然”，即人和物都是自然而然，不受任何事物的干扰，也不干扰或侵犯其他事物的运行与发展，人和万事万物皆“法自然”。“道法自然”不仅是对“道”不干涉、不主宰万事万物的发展的最佳总结，还表明了“道”的性质及其运动变化的原则。

按照系统论和“全息”的思想，中国古代的“天人合一”思想用现代科学语境可作如下解析：“人”或者“人类”置于天地（宇宙）大系统之中，被称为小宇宙，“人”与“天”“地”同列为三才，构成“母子系统”的关系。“人”是子系统，和天地母系统之间遵循“母子系统”的相关规律，并具有天地（宇宙）母系统的“全息”特征。

在这种意义上，我们可以说，每一个部分都“含有”所有其他部分。整体与部分的关系仿佛人体与各个器官的关系：人体的生命在于各个器官的充分运作，没有各个器官的合理协调运作，人的生命必将枯竭，而生命一旦枯竭，各个器官的生命也必然终止。

管理的最终目的就是顺应人的自然本性，使人都能保持本性。作为管理者保证人的自然本性不被异化破坏，就需坚持“以人为本”的管理方法和理念。真正的领导力，不是用条条框框把人管住，而是懂得激发人的内在潜力。这就要求我们要按照每个人的天性去打造，这也是最自然的管理之道。

第六章 结束语

“执古之道以御今之有”出自《道德经》第十四章，意思是掌握自古以来的规律，去理解今天身边发生的所有事，能够古往今来无所不知。“道”与“德”是老子哲学的一对基本范畴。“道”，老子解释为“万物之奥”（六十二章）。按黑格尔在理解《道德经》时的解释，认为“道”是“一切内在事物的逻辑”。“德”，老子解释为“孔德之容，惟道是从”（二十一章）。“德”依附于“道”，是“道之从”，道为本，德为器，道制约德，德说明道。如果说，《道经》是老子的认识论和方法论，那么《德经》则是老子的政治观和历史观。自然，它们两者的内涵是相互依存而不可分割的。

《道德经》中包含的思想自秦汉以来，始终在政治和学术两个方面产生影响。今天，我们仍要对它学习研究，让《道德经》思想在经济、管理等领域发挥作用。他山之石，可以攻玉。我试图借《道德经》之坚石，攻管理之美玉，让两者结缘。

我们说企业文化往往被评价为一家企业的“根”和“魂”，中国企业家可以借助“贵柔”之道搭建企业文化，把圣贤文化融入每一位员工的心里，将其内化后反馈到工作与生活之中——正所谓“内化于心，外化于行”。如果企业家能够将《道德经》中的无为、仁爱、诚信、宽厚、包容内化于自身的言行与企业管理中，那么就能够带领企业走向更宽广的道路。

参考文献

[1][英]李约瑟:《中国古代科学思想史》，陈立夫译，江西人民出版社 1999 年版。

[2] 张岱年:《论中国文化的基本精神》，载丁守和、方行主编:《中国文化研究集刊（第 1 辑）》，复旦大学出版社 1984 年版。

[3] 刘长林:《中国系统思维——文化基因探视》，社会科学文献出版社 2008 年版。

[4] 徐梵澄:《老子臆解》，中华书局 1988 年版。

[5] 郭沂:《郭店竹简与先秦学术思想》，上海教育出版社 2001 年版。

[6] 王树人:《回归原创之思——象思维视野下的中国智慧》，江苏人民出版社 2005 年版。

[7] 王叔岷:《先秦道法思想讲稿》，中华书局 2007 年版。

[8] 王弼:《老子道德经注》，楼宇烈校释，中华书局 2011 年版。

[9] 颜爱民:《长寿·夭折·涅槃——文化视角下的中国企业管理研究》，复旦大学出版社 2010 年版。

[10] 葛荣晋、李伟波:《道家的“无为而治”与企业的科学管理》,《中国人民大学学报》2005 年第 4 期。

[11] 高利民:《庄子无用之用的另一种解读》,《复旦学报（社会科学版）》2005 年第 4 期。

[12] 魏宏森:《系统论》，世界图书出版公司 2009 年版。

[13] 王凤彬:《“全息”原理在供应链管理中的应用》,《系统工程》2005 年第 3 期。

[14] 许建良:《道家“无用之用”的思想及其生态伦理价值》,《哲学研究》2007 年第 11 期。

[15][英] 彼得·德鲁克:《管理的实践》，齐若兰译，机械工业出版社 2009 年版。

[16] 高定彝:《老子道德经研究》，北京广播学院出版社 1999 版。

[17][美] 卡内基:《成功的本质：钢铁大王安德鲁·卡内基自传》，朱颖译，江苏文艺出版社 2012 年版。

[18][美] 杰克·韦尔奇、约翰·拜恩:《杰克·韦尔奇自传》，曹彦博等译，中信出版社 2001 年版。

[19] 许富宏:《鬼谷子集校集注》，中华书局 2010 年版。

图书在版编目（CIP）数据

老子哲学与现代管理 / 隋广义著 .— 上海 : 上海社会科学院出版社，2021
ISBN 978-7-5520-3583-4

Ⅰ.①老… Ⅱ.①隋… Ⅲ.①老子—哲学思想—研究 Ⅳ.① B223.15

中国版本图书馆 CIP 数据核字（2021）第 106164 号

老子哲学与现代管理

著　　者：隋广义
总 策 划：李若雯
责任编辑：温　欣
封面设计：周清华
出版发行：上海社会科学院出版社
上海顺昌路 622 号　邮编 200025
电话总机 021-63315947　销售热线 021-53063735
http://www.sassp.cn　E-mail:sassp@sassp.cn
照　　排：上海碧悦制版有限公司
印　　刷：上海展强印刷有限公司
开　　本：787 毫米 ×1092 毫米　1/32
印　　张：9.5
插　　页：4
字　　数：145 千字
版　　次：2021 年 8 月第 1 版　　2021 年 8 月第 1 次印刷

ISBN 978-7-5520-3583-4 / B · 301　　定价：79.00 元